▶▶▶ 중1에게 주고 싶은

네비게이션

영단어

중1에게 주고 싶은

네비게이션

영단어

Navigation

신윤석 지음

도서출판 사사연

중1에게 주고 싶은

네비게이션 영단어

2009년 7월 15일 초판인쇄
2009년 7월 20일 초판발행

지은이 / 신윤석
펴낸이 / 장종호
펴낸곳 / 도서출판 사사연

서울시 종로구 홍지동 126-8
등 록 / 2006.02.08 제10-1912호
전 화 / (02) 393-2510
팩 스 / (02) 393-2511

정가 8,500원

*잘못된 책은 바꾸어 드립니다.

ISBN 978-89-85153-89-8

www.ssyeun.co.kr
e-mail / ssyeun@ssyeun.co.kr

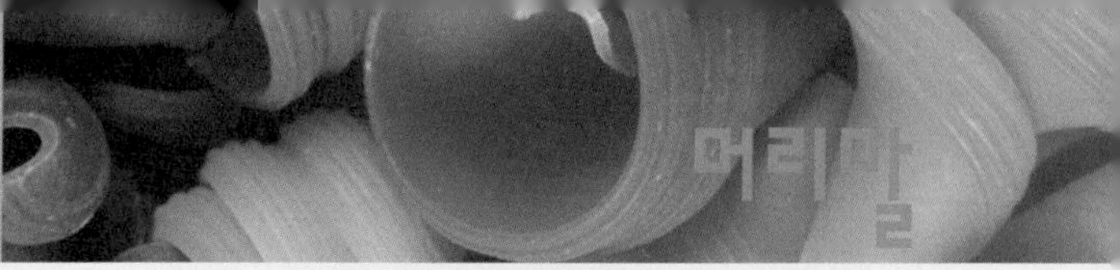

머리말

중1이 됐다는 기쁨과 약간의 흥분된 기분으로 3월을 보내자마자, 중학교에 입학해서 처음 맞이하는 "1학기 중간고사"…"첫 단추를 잘 껴야 된다."는 중압감에 나름대로 계획도 짜고, 이 문제, 저 문제를 풀어보지만, 단어 함정에 빠져 밤새도록, 이 단어, 저 단어를 뒤적거리다 시간 부족을 탓하며, 울상 짓는 풋내기 〈중1〉의 마음속에 "단어는 웬수!"라는 큰 상처 자국…

"DON'T WORRY!" 〈중1에게 주고 싶은 네비게이션 영단어〉가 아픈 상처를 치료해 주고, 예방할 수 있는 효과적인 대비책으로 도와줄 것이다.

본 교재는 개정 교육과정에 의한 단원별로 크게, 2PART(1학기 중·기말, 2학기 중·기말)와 시험 범위를 기준으로 12개의 소단원〈꼭 암기할 핵심 단어·숙어〉 그리고 2부록 (1학기 부록- 2학기 준비학습, 2학기 부록- 2학년 1학기 준비학습), 소단원 속에 "네비게이션", "TRY IT AGAIN, 중 · 기말고사 미리보기." 등을 통해 단어 실력을 쑥쑥 올릴 수 있도록 구성되어 있다.

"Many a little makes a mickle. (가랑비에 옷 젖는 줄 모른다.)"라는 속담이 말해주는 것처럼, 단어 공부의 핵심은 반복이다. 시험 때만 잠시 공부하는 것이 아니라, 꾸준히, 짬짬이 암기해야 된다는 점을 잊어서는 안 된다.

본 교재는 중 · 기말 고사를 앞두고 이 단어, 저 단어를 뒤적거리다 끝나 버리는 풋내기 <중1 학생>과, 막연한 두려움으로 이 책으로 단어 공부할까?, 저 책으로 외울까? 갈피를 못 잡는 <예비 중1 학생 모두>를 위한 교재이다.

1. 전체 구성

개정 교육과정에 의한 단원별로 크게, **2PART(1학기 중·기말, 2학기 중·기말)**와 시험 범위를 기준으로 **12**개의 소단원 그리고 **2**부록 (**1**학기 부록- **2**학기 준비학습, **2**학기 부록- **2**학년 **1**학기 준비학습)으로 구성되어 있다.

2. 소단원의 구성과 특징

소단원<꼭 암기할 핵심 단어 · 숙어>속에 네비게이션, **TRY IT AGAIN**. 동의어, 반의어, 복수, 어형 변화를 자세히 공부할 수 있도록 구성되어 있어, 효과적인 시험 준비뿐만 아니라, 단어 실력도 쑥쑥 향상시킬 수 있는 특징적인 요소들을 가지고 있다.

3. 핵심 단어 공략법을 알면, 정답이 보인다.

수업 진도 전에 예습하고 시험 준비할 때 복습하자. – 수업 전에 그 단원에서 꼭 암기할 핵심 단어 · 숙어들을 미리 챙겨 두었다가 수업 시간에 선생님이 반복해서 말씀하시는 중요 단어에 체크 표시한 다음, 시험 준비할 때 이 표시들을 중심으로 공부를 하면 시간도 절약할 수 있고, 점수도 팍팍 올릴 수 있다.

"도랑치고 가재 잡고, 시험 점수 팍팍 올리고, 용돈 챙기자."

이 책의 차례

PART ONE T&A 핵심 단어·숙어

1학기 중간

1학기 기말

CONTENTS

PART TWO T&A 핵심 단어 · 숙어

PART ONE

T&A 핵심 단어 · 숙어

수업 진도 전에 예습하고 시험 준비할 때 복습하자.

1학기 중간

MIDTERM

01 꼭 암기할 핵심 단어 · 숙어

02 꼭 암기할 핵심 단어 · 숙어

03 꼭 암기할 핵심 단어 · 숙어

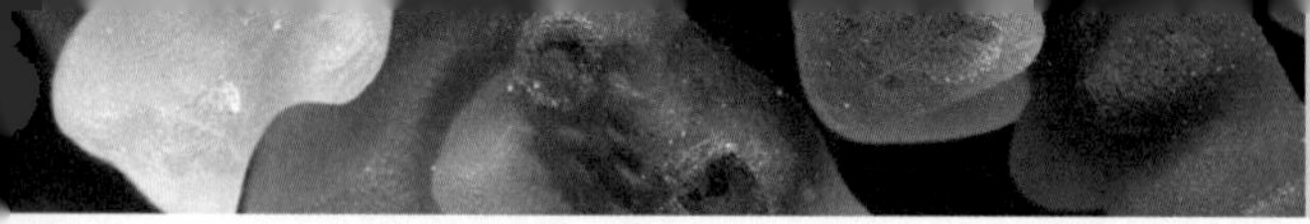

001) **floor** [flɔːr] ㉿ **(건물의) 층(story)** · the first floor **1층**
· **영국** - ground floor 1층, first floor 2층, second floor 3층

002) **food** [fuːd] ㉿ **음식; 식품; 식량** · food and drink **음식물**
Do you know that plants can make their own food?
식물이 스스로 먹을 것을 만들어 낸다는 것을 알고 있나요?

003) **fruit** [fruːt] ㉿ **과일**
What is the most famous fruit here?
이곳에서 가장 유명한 과일은 무엇인가요?

004) **map** [mæp] ㉿ **지도**
I saw an interesting map here.
여기에서 재미있는 지도를 보았다.

005) **market** [máːrkit] ㉿ **시장** ㉾ **장보다**
· a flower market **꽃 시장**
Where is the nearest market? 제일 가까운 시장이 어딘가요?

006) **people** [píːpl] ㉿ **사람들**
· streets crowded with people **사람들로 혼잡한 거리**
People don't like to be kept waiting.
사람들은 대개가 기다리는 것을 싫어한다.

007) **photo** [fóutou] ㉿ **사진** ㉾ **사진을 찍다**
I'm looking for my grandpa's photo album.
할아버지 앨범을 찾고 있다.

008) **picture** [píktʃər] ㉿ **사진, 그림**
· a picture postcard **그림엽서**
· draw a picture **그림을 그리다**
Who painted this picture? 누가 이 그림을 그렸니?

009) **busy** [bízi] (형) **바쁜; 통화중인 (busier; busiest)**
During the day, we were very busy.
하루 종일 우리는 매우 바빴다.

010) **easy** [íːzi] (형) **쉬운; 안락한, 편한** [반] **difficult, hard**
The test was not as easy as I thought.
시험이 내가 생각했던 것만큼 쉽지 않았다.

011) **little** [lítl] (형) **작은; 적은** · a little box **작은 상자** [반] **big, large**
I'm a little tired now, but I guess I had a wonderful day.
지금 조금 피곤하지만 즐거운 하루를 보냈다고 생각한다.

012) **rich** [ritʃ] (형) **부자의, 부유한; 풍부한** [반] **poor**
He made a lot of money by living a thrifty life and known as a rich man.
그는 검소하게 살아 돈을 많이 벌었는데, 부자로 알려졌다.

013) **sad** [sæd] (형) **슬픈, 슬픈 듯한** [반] **happy**
What happened, Sam? You look sad.
무슨 일이 있었어, 샘? 우울해 보인다.

Navigation

Q little의 긍정과 부정의 뜻을 어떻게 구분할 수 있나요?

A 부정관사 a가 있으면 "약간의" 뜻으로 긍정, a가 없으면 "거의 없다"라는 부정의 뜻을 소유합니다. 이 점은 "few"도 같아요.

He is a little overweight. 그는 약간 뚱뚱하다. (긍정)

She has very little free time because of pressure of work.
그녀는 일의 압박 때문에 여가 시간이 거의 없다. (부정)

014) **catch** [kætʃ] ㉧ **잡다, 붙들다 (catch - cought - cought)**
A police wasn't sure if he could catch the thief.
경찰은 그 도둑을 잡을 수 있을 지 확신할 수 없었다.

015) **run** [rʌn] ㉧ **달리다 (run - ran - run; running)**
You shouldn't run up or down the stairways.
계단을 뛰어서 오르락내리락 하지 마라.

016) **sit** [sit] ㉧ **앉다, 걸터앉다, 착석하다 (sit - sat - sat; sitting)**
· sit at table **식탁에 앉다**
· sit on a branch **(새가) 나뭇가지에 앉다**
The cat was sitting on the top of the house.
고양이가 집 꼭대기에 앉아 있다.

017) **wear** [wɛəːr] ㉧ **입다 (wear - wore - worn; wearing)**
I think you should wear red shirts every game.
난 당신이 시합 때마다 빨간 셔츠를 입어야 한다고 생각한다.

018) **may** [mei] ㉰ **~해도 좋다; ~일지 모른다 (may - might)**
Listening to music may not be helpful when you study.
공부할 때 음악을 듣는 것은 도움이 되지 않을 수 있다.

019) **almost** [ɔ́ːlmoust] ㉮ **거의, 대개**
It is almost impossible. 거의 불가능하다.

020) **already** [ɔːlrédi] ㉮ **이미, 벌써**
All my friends were already there.
내 친구들 모두 이미 거기에 와 있었다.

021) **yet** [jet] ㉮ **(긍정문) 이미, 벌써, 이제; (부정문) 아직 (~않다)**
Don't start yet. Wait for the signal.
아직 출발하지 말아라. 신호를 기다려야지.

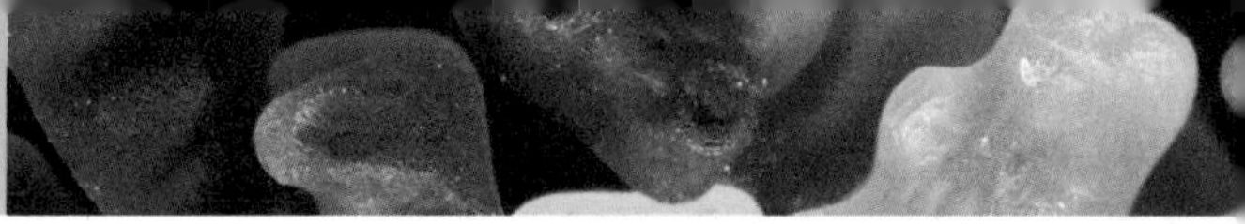

022) **be different from ~와 다르다**

Apples are different from pineapples.
사과와 파인애플은 다르다.

023) **be from ~ 출신이다**

She is from Canada. 그녀는 캐나다 출신이다.

024) **be late for ~에 늦다**

I am always late for school. 항상 학교에 지각을 한다.

Don't be late for school. 학교에 지각하지 말아라.

025) **be ready to 준비하다**

I am ready to start at once.
나는 당장 출발할 준비가 되어 있다.

026) **grow up 성장하다, 성인이 되다; (습관 · 감정) 발생하다**

I grew up blind and I always had two dreams.
나는 장님으로 자랐고, 나에게는 언제나 두 가지 꿈이 있었다.

A warm friendship grew up between us.
우리들 사이에 뜨거운 우정이 생겼다.

027) **in front of ~앞에**

How about at 5:20 in front of Sejong hall? It begins at 5:30.
5시 20분에 세종 홀 앞에서 어때? 5시 30분에 시작하거든.

028) **play with~ ~와 놀다**

My dog likes to play with the boomerang.
나의 개는 부메랑을 가지고 노는 것을 좋아한다.

029) **wait for~ ~을 기다리다**

Let's wait for the next bus to school.
학교로 가는 다음 버스를 기다리자.

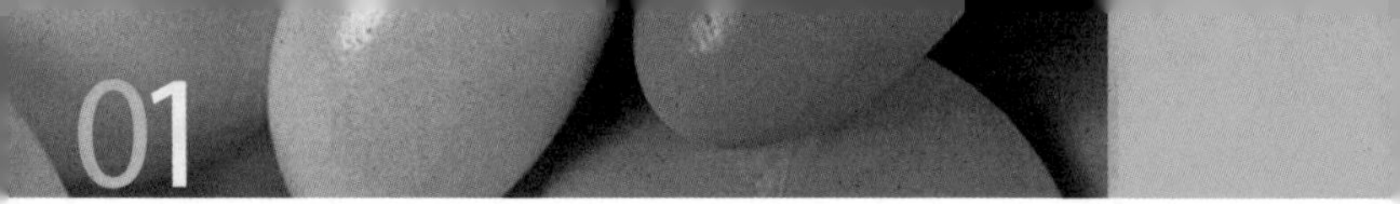

030) **course** [kɔːrs] ㊔ **진로, 행로; 학과, 교육과정**

· a course of study **교과과정** · of course **물론**

He allowed me to take the course.
그는 내가 그 강좌를 듣는 것을 허락했다.

All animals aren't exactly the same, of course.
물론, 모든 동물들은 정확하게 똑같지는 않다.

031) **culture** [kʌ́ltʃər] ㊔ **문화; 교양**

· popular culture **대중 문화**

Teenage culture is different from adult culture.
십대 문화는 성인 문화와 다르다.

032) **kind** [kaind] ㊔ **종류** ㊙ **친절한, 상냥한**

· a kind of **일종의, 어떤 종류의**

· all kinds of **각종의, 모든 종류의**

There are many different kinds of animals in the world.
세상에는 많은 다른 종류의 동물들이 있다.

033) **language** [lǽŋgwidʒ] ㊔ **언어, 말**

· bad language **상스러운 말**

It is fun to learn a foreign language.
외국어를 배우는 것은 재미있다.

034) **level** [lévəl] ㊔ **수준; 같은 높이; 표준**

· the level of living **생활수준**

Your cholesterol level is too high.
당신의 콜레스테롤 수치가 너무 높아요.

035) **parent** [pɛ́ərənt] ㊔ **어버이 (복) 부모**

We are a family of five, my grandparents, parents and me.
우리는 다섯 식구야. 할아버지와 할머니, 부모님 그리고 나야.

036) **plan** [plæn] (명) **계획** (동) **계획하다**
What is the student's special plan for the new school year?
학생이 새 학년을 맞이하여 세운 특별한 계획은 무엇입니까?

037) **role** [roul] (명) **배역; 역할, 임무** · a leading role **주역**
Music has always played an important role in culture.
음악은 문화에 있어서 항상 중요한 역할을 했다.

038) **speech** [spi:tʃ] (명) **말; 이야기; 연설**
My father prepared a speech last night.
아버지는 지난밤에 연설을 준비하셨다.

039) **subject** [sʌ́bdʒikt] (명) **과목; 주제; 학과**
We learn many subjects in school.
우리는 학교에서 여러 과목을 배운다.

040) **tool** [tu:l] (명) **도구; 연장**
You don't need any special tools.
특별한 도구는 전혀 필요하지 않다.

Navigation

Q country의 복수는 countrys가 맞나요?

A 먼저, 답부터 말하자면 틀렸어요. "자음 + y"로 끝나는 경우, "y"을 "i"로 고치고 "es"를 붙입니다. 따라서, country의 복수는 "countries"로 해야 맞습니다. 한 가지 더 중요한 것이 있어요. "모음 + y"와 "고유 명사"는 "s"만 붙인다는 점을 잊지 마세요.

lady	army	boy	Mary
ladies	armies	boys	two Marys

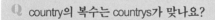

041) **underground** [ʌ́ndərgràund] ⓜ **지하; 지하도** ⓗ **지하의**
You can't park underground below the building.
그 건물 지하에 주차할 수 없다.

042) **uniform** [júːnəfɔ̀ːrm] ⓜ **제복; 교복** ⓗ **한결같은**
It's just not a good idea that students should wear school uniforms.
학생들이 교복을 입어야 한다는 것은 정말 좋은 생각이 아니다.

043) **use** [juːs] ⓜ **사용** ⓓ **사용하다**
They use chopstick to eat rice.
그들은 밥을 먹기 위해 젓가락을 사용한다.

044) **different** [dífərənt] ⓗ **다른; 서로 다른** ⓑ same
In shape and size, the elephant, the lion, and the cat are very different.
형태와 크기 면에서, 코끼리, 사자, 그리고 고양이는 매우 다르다.

045) **excellent** [éksələnt] ⓗ **뛰어난, 우수한**
I got an excellent mark in the last test.
지난번 시험에서 훌륭한 점수를 받았다.

046) **excited** [iksáitid] ⓗ **들뜬; 흥분한**
He was very excited and talked nonstop.
그는 매우 흥분해서 쉬지 않고 말을 했다.

047) **favorite** [féivərit] ⓗ **좋아하는; 마음에 드는**
What's your favorite month, Tony?
몇 월을 가장 좋아하니, 토니?
I don't think I have a favorite month.
가장 좋아하는 달이 없는 것 같다.

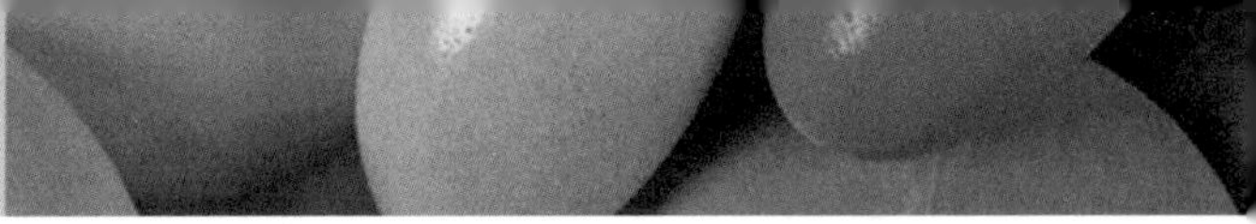

048) **handsome** [hǽnsəm] ㉻ **잘 생긴** (동) **good-looking**
He looks handsome, especially when he is angry.
그는 특히 화가 났을 때 멋있어 보인다.

049) **hard** [haːrd] ㉻ **굳은; 곤란한, 어려운** (부) **열심히**
Do you often have hard homework?
하기 힘든 과제가 자주 있습니까?
Students have to just study hard.
학생들은 공부만 열심히 해야 한다.

050) **interesting** [íntəristiŋ] ㉻ **흥미있는, 재미있는**
Have you found anything interesting?
재미있는 것을 찾았니?

051) **last** [læst] ㉻ **지난**
· last week **지난주**/ last month **지난 달**
You are always late! 너는 항상 늦는구나!
I went to see the play last night with my friend.
난 지난밤에 친구와 연극을 보러 갔었다.

052) **late** [leit] ㉻ **늦은** (반) **early**
I think you'd better not study so late at night.
밤에 너무 늦게 공부하지 않는 게 좋겠다.

053) **middle** [mídl] ㉻ **한가운데의, 중간의**
Look at the second picture in the middle.
가운데에 있는 두 번째 사진을 보세요.

054) **most** [moust] ㉻ **가장 큰 최대의** (반) **least**
Soccer is one of the most popular sports.
축구는 가장 인기 있는 운동 중 하나이다.

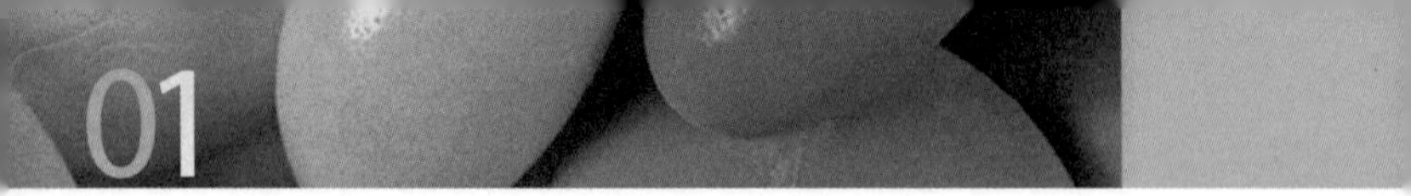

055) **much** [mʌtʃ] ⓗ **(양이) 많은, 다량의** 반 **little**
There is so much work to do. 할 일이 너무 많다.
· **물질명사 추상명사 등의 불가산 명사의 앞에 붙여서: 다량의, 많은 긍정문:** as, so, too, how **등에 붙어서 주어를 한정시킨다.**

056) **pop** [pɑp] ⓗ **대중적인**
Some people like pop music or jazz.
어떤 사람들은 대중음악이나 재즈를 좋아한다.

057) **rainy** [réini] ⓗ **비오는, 우천의**
Today it will be cloudy and rainy in the afternoon.
오늘은 흐리겠고 오후에 비가 오겠습니다.

058) **special** [spéʃəl] ⓗ **특별한** 동 **particular**
Do you have anything special in mind?
뭐 특별히 생각해 둔 것이 있니?

059) **tough** [tʌf] ⓗ **강인한; 곤란한** 반 **soft**
· a tough enemy **강적**
· a tough experience **지독한 경험**
The donkey is a tough animal. 당나귀는 억센 동물이다.

060) **enjoy** [endʒɔ́i] ⓓ **즐기다**
He enjoys reading the ancient Korean history.
그는 고대 한국의 역사를 읽는 것을 좋아한다.
I enjoy riding a bike in the morning.
나는 아침에 자전거 타기를 좋아한다.

061) **finish** [fíniʃ] ⓓ **끝내다, 마치다**
Can you finish your homework by 11 o'clock?
숙제를 11시까지 끝낼 수 있겠니?
When you finish, just let me know. 끝마치거든 좀 알려 주세요.

062) **hear** [hiər] ⓢ **듣다 (hear - heard - heard)**
I'm sorry. What did you say? I didn't hear you.
미안. 뭐라고 그랬지? 네 말이 들리지 않았어.

063) **learn** [ləːrn] ⓢ **배우다**
I want to learn how to swim well.
수영을 잘 하는 방법을 배우고 싶다.

064) **introduce** [intrədjúːs] ⓢ **소개하다; 안으로 들이다**
The MC introduced an interesting speaker.
사회자는 한 흥미로운 연사를 소개했다.

065) **invite** [inváit] ⓢ **초대하다, 초청하다**
I'd like to invite you to dinner.
저녁식사에 초대하고 싶은데요.

066) **lift** [lift] ⓢ **들어올리다, 올리다** ⓜ **(영국) 승강기; (미국) elevator**
A strong man can lift heavy things.
힘 센 사람은 무거운 것을 들어올릴 수 있다.

Navigation

Q want와 enjoy **다음에 완성형(빈칸) 문제를 어떻게 하면 쉽게 풀수 있을까요?**

A want **다음에 빈칸 문제가 나오면, 빈칸에 to부정사를 넣으면 되고,** enjoy, mind, finish, give up **다음에 빈칸은 동명사를 넣으면 됩니다.**

I want to get better grades. 나는 더 좋은 점수를 받고 싶다.

She enjoys baking. 그녀는 빵 굽기를 좋아한다.

067) **make** [meik] ㉠ **만들다; ~하게 하다** (make - made - made)

· be made of~ **~로 만들어지다**

Modern technology makes our living much more convenient.
현대 과학 기술은 우리 생활을 훨씬 더 편리하게 만들고 있다.

Don't make him angry. 그를 화나게 하지 마라.

068) **taste** [teist] ㉠ **~의 맛을 보다** ㉡ **미각; 취미**

An onion has a strong taste and smell.
양파는 맛과 냄새가 강하다.

I've got a cold, so my taste's quite gone.
감기에 걸려 맛을 전혀 모르겠다.

069) **teach** [tiːtʃ] ㉠ **가르치다** (teach - taught - taught) ㉢ learn

Art can teach us many things.
예술은 우리에게 많은 것을 가르쳐 줄 수 있다.

070) **visit** [vízit] ㉠ **방문하다**

What's the purpose of your visit?
방문 목적이 무엇입니까?

071) **watch** [watʃ] ㉠ **지켜보다; 시청하다; 망보다**

I don't watch the television. 나는 텔레비전을 보지 않는다.

Father watches the news program on channel 11 every day.
아버지는 11번 채널 뉴스 프로그램을 매일 보신다.

072) **also** [ɔ́ːlsou] ㉣ **또한, 역시, 똑같이**

He is young and good-looking, and also very rich.
그는 젊고 잘 생긴데다 또한 아주 부자다.

073) **successfully** [səksésfəli] ㉣ **성공적으로; 훌륭하게**

Most of them successfully build up a normal relationship.
그들 대부분은 정상적인 관계를 훌륭히 쌓아 간다.

Communication Function

You are always late!
너는 항상 늦는구나!

Hyo-eun always keeps her room clean.
효은이는 방을 항상 깨끗하게 유지한다.

(0%)	(10-30%)	(60-70%)	(80-90%)	(100%)
never	sometimes	often	usually	always

빈도부사는 be동사 **뒤, 일반 동사 앞에 위치한다. 단, 조동사가 있는 경우 조동사와 본동사 사이에 놓인다.**

Try It Again

괄호 안의 단어가 들어갈 곳에 ✓를 하세요.

1. She is late for school. (often)
2. I go to bed at ten o'clock. (usually)
3. She could say a word. (never)
4. She comes to school on time. (sometimes)
5. Mike is careless. It makes me angry. (always)

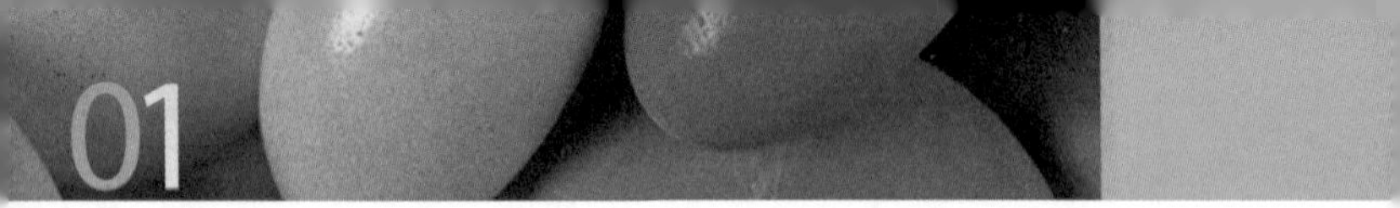

age★ [eidʒ] 명 나이

bar★ [ba:r] 명 막대기, 장대

class [klæs] 명 학급, 수업

country★ [kʌ́ntri] 명 나라

friend [frend] 명 친구

hair [hɛər] 명 머리카락

math [mæθ] 명 수학

part★ [pa:rt] 명 일부, 부분

pear [pɛər] 명 배

animal [ǽnəməl] 명 동물; 짐승

city [síti] 명 도시

classroom [klǽsrùm] 명 교실

day★ [dei] 명 하루, 낮

gym★ [ʤim] 명 체육관

hometown★ [houmtaun] 명 고향

music [mjú:zik] 명 음악

peach [pi:tʃ] 명 복숭아

pet★ [pet] 명 애완동물

---

rugby [rʌ́gbi] 명 럭비

soccer★ [sákə:r] 명 축구

sheep★ [ʃi:p] 명 양

swimming pool 수영장

tree [tri:] 명 나무, 수목

word★ [wə:rd] 명 말, 낱말

world★ [wə:rld] 명 세계

all [ɔ:l] 형 모두

cute [kju:t] 형 귀여운, 예쁜

nice★ [nais] 형 좋은, 훌륭한

newspaper [njúzpèipər] 명 신문

sport★ [spɔ:rt] 명 스포츠, 운동

sky [skai] 명 하늘

textbook [tékstbùk] 명 교과서

woman [wúmən] 명 여성

west★ [west] 명 서쪽

year [jiə:r] 명 해, 년

glad★ [glæd] 형 즐거운, 기쁜

new [nju:] 형 새로운 반 old

pretty [príti] 형 예쁜 반 ugly

exciting★ [iksáitiŋ] 형 흥분시키는

help★ [help] 동 돕다

listen★ [lísən] 동 듣다

talk [tɔːk] 동 말하다

want★ [wɔnt] 동 ~을 원하다

now [nau] 부 지금, 현재

so★ [sou] 부 그렇게

together★ [təgéðəːr] 부 함께

of [əv] 전 ~의

up [ʌp] 전 ~의 위에

call [kɔːl] 동 부르다; 전화하다

live [liv] 동 살다, 거주하다

study [stʌ́di] 동 공부하다

thank [θæŋk] 동 감사하다

just [dʒʌst] 부 지금 막, 단지

really★ [ríːəli] 부 정말, 실로

soon★ [suːn] 부 곧, 이내

well [wel] 부 상당히, 잘

on [ɔn] 전 ~위에

with★ [wið] 전 ~와 함께

Try It Again 쪽지 시험

A 다음 주어진 단어의 뜻을 쓰시오.

different _____ invite _____ culture _____
favorite _____ visit _____ pet _____

B 우리말을 주어진 철자로 시작하는 단어를 쓰시오.

언어, 말 - l_____ 어버이 - p_____

1. 다음 중 비슷한 말끼리 연결된 것은?

① rich-poor ② easy-difficult
③ tough-soft ④ most-least
⑤ often-frequently

2. 다음 두 단어의 관계가 나머지 넷과 다른 것은?

① pretty-ugly ② special-particular
③ late-early ④ same-different
⑤ teach-learn

3. 다음 중 우리말과 영어가 같은 뜻으로 연결되지 않은 것은?

① course-진로
② pear-짝
③ introduce-소개하다
④ excited-들뜬, 흥분한
⑤ successfully-성공적으로

4. 다음 빈칸에 들어갈 알맞은 것을 고르시오.

Many adults ________ eating rice.

① use ② catch ③ taste
④ enjoy ⑤ want

[5-6] 다음 우리말과 일치하도록 빈 칸에 알맞은 말을 쓰시오.

5. 그들의 견해는 우리의 견해와 전혀 다르다.
They are totally ____________ us in opinion.

6. 집 앞에 있는 눈을 치움으로써 사고를 막을 수 있다.
You can prevent accidents by cleaning the snow ____________ your house.

7. 다음 설명에 해당하는 단어는?

to have something such as clothes, shoes or jewelry on your body

① market　② language　③ wear
④ uniform　⑤ level

8. 다음 빈칸에 들어갈 알맞은 것을 고르시오.

Narcissus was a handsome Greek youth. Echo was a nymph who was in love with him. ____________ he was very unkind to her and told her to go away. A goddess saw this and decided to punish Narcissus. She made him fall in love with his own reflection in a pool of water.

① And　② In order to　③ Which
④ But　⑤ Although

074) **activity** [æktívəti] ⓜ **활동, 활약; 행동**

· mental activity **정신 활동** · school activities **교내 활동**
What kind of club activity do you like?
어떤 클럽 활동을 좋아하니?

075) **care** [kɛər] ⓜ **걱정, 근심; 주의** ⓢ **걱정하다; 돌보다**

· take care **조심[주의]하다**
Don't care about me. I'll be fine. 나 걱정하지마. 괜찮아 질 거야.
Take care that you don't catch cold. 감기 들지 않도록 조심해라.

076) **child** [tʃaild] ⓜ **어린이** (복) children

· an only child **외아들**
The child picked up the broken doll sadly.
그 아이는 망가진 인형을 슬픈 듯이 집어 들었다.

077) **core**★ [kɔːr] ⓜ **응어리, 속; 핵심; 정수**

The apple is rotten to the core. 사과가 속속들이 썩어 있다.

078) **dish** [diʃ] ⓜ **접시; 음식**

· a dish of meat **고기 요리 한 접시** · a nice dish **맛있는 요리**
Could you tell me how you made this beef dish?
어떻게 이 소고기 요리를 만들었는지 말해 줄래?

079) **dream** [driːm] ⓜ **꿈** ⓢ **꿈꾸다**

My dream is to become a world-famous architect.
내 꿈은 세계적으로 유명한 건축가가 되는 것이다.
I dreamed of my friend last night. 어젯밤 친구의 꿈을 꾸었다.

080) **gift** [gift] ⓜ **선물; 재능** ⓓ present; talent

· have a gift for music **음악에 재능이 있다**
You should always buy cheap gifts.
항상 저렴한 가격의 선물을 사야 한다.

081) **history** [hístəri] (명) **역사; 사실** · ancient history **고대사**
History repeats itself. 역사는 되풀이 된다.
Danny, have you finished your report for history class?
대니, 역사 리포트 끝냈니?

082) **hobby** [hábi] (명) **취미**
My hobby is collecting stamps. 내 취미는 우표 수집이다.

083) **idea** [aidíːə] (명) **개념, 생각**
What a good idea! 정말 좋은 생각이다!
While he was driving, he hit on a new idea.
그가 운전을 하는 동안 새로운 아이디어가 떠올랐다.

084) **litter*** [lítər] (명) **쓰레기; 잡동사니** [cf.] little 작은
Can you pass me the litter bin?
쓰레기통을 건네 줄 수 있겠니?

085) **magazine** [mæ̀gəzíːn] (명) **잡지**
I want to buy a movie magazine. 영화 잡지를 하나 사고 싶어요.

Navigation

Q any와 some의 차이점을 알고 싶어요? 수업 시간에 놓쳤어요.

A ① any는 긍정문에서 부정관사 "a, an"의 뜻으로, 단수 보통명사와 단수 취급 명사에 붙고, some은 단수 복수 어느 명사에나 붙일 수 있어요.
② 의문문 부정문 조건문에서는 주로 any만 쓰고, some은 특수한 경우 외에는 쓰지 않아요.

Would you have some tea? 차 좀 드시겠습니까?

086) **noodle**★ [nú:dl] ⓜ **면, 국수**
How long should we boil the noodles?
얼마나 오래 면을 삶아야 하는데?

087) **photograph** [fóutəgræ̀f] ⓜ **사진** ⓓ **사진을 찍다**
· take a photograph of **~을 사진 찍다**
I took a photograph of the beautiful waterfalls.
나는 아름다운 폭포의 사진을 찍었다.

088) **problem** [prábləm] ⓜ **문제, 의문**
· solve a problem **문제를 풀다**
She explained the problem to me.
그녀가 나에게 그 문제를 설명하였다.

089) **season** [sí:zən] ⓜ **계절**
· at all seasons **일년 동안 내내, 사철을 통하여**
There are four seasons in a year. 1년에 4계절이 있다.
★ spring-봄; summer-여름; autumn; fall-가을; winter-겨울

090) **street** [stri:t] ⓜ **거리** 동 **road**
· a main street **큰 거리, 중심가** · on the street **거리에서**
Let's cross the street at the crosswalk.
횡단 보도에서 길을 건너자.

091) **tail**★ [teil] ⓜ **(동물의) 꼬리**
The dog wagged its tail. 그 개는 꼬리를 흔들었다.

092) **twin**★ [twin] ⓜ **쌍둥이** ⓗ **쌍둥이의**
· twin brothers [sisters] **쌍둥이 형제 [자매]**
Can you tell the twins one from the other?
그 쌍둥이를 구별할 수 있겠니?

093) **volunteer**★ [vὰləntíər] 명 **자원 봉사자; 지원자**
The workers were mostly volunteers.
근무자들은 대부분 자원 봉사자들이었다.

094) **cool** [ku:l] 형 **서늘한; 냉정한; 근사한, 멋진** 반 **warm**
· get cool **서늘해지다; (뜨거운 것이) 식다**
Today's high was a cool 10 degrees and the overnight low will be 5 degrees. 오늘은 최고 기온이 10도로 서늘하겠으며, 밤사이 최저 5도까지 내려가겠습니다.

095) **dark** [da:rk] 형 **어두운, 암흑의** 반 **light**
She couldn't pick out things in the dark.
그녀는 어둠 속에서 물건을 식별하지 못하였다.

096) **elementary** [èləméntəri] 형 **기본의, 초보의, 초등 학교의**
Where is the nearest elementary school?
제일 가까운 초등학교가 어딘가요?

097) **free** [fri:] 형 **자유로운; 무료의 (freer; freest)**
Are you free this evening? 오늘 저녁 시간이 있으십니까?
How do you spend your free time? 여가 시간을 어떻게 보내니?

098) **false**★ [fɔ:ls] 형 **그릇된, 틀린, 부정확한**
Shake your head when it's false.
만약 틀린 말이면 고개를 흔드세요.

099) **famous** [féiməs] 형 **유명한, 잘 알려진(well - known)**
· a famous golfer **유명한 골퍼**
This island, which is called Jeiudo, is famous for its beautiful beaches.
이 섬은, 제주도라고 불리는데, 아름다운 해변으로 유명하다.

100) **interested** [íntəristid] ⓗ **흥미를 가지고 있는**
Are you interested in pop music?
팝 음악에 관심이 있니?

101) **lazy**★ [léizi] ⓗ **게으른 (lazier; laziest)** 동 idle
Bill isn't stupid, just lazy.
빌은 어리석은 것이 아니라 그냥 게으르다.

102) **lovely**★ [lʌ́vli] ⓗ **사랑스러운, 귀여운, 멋진**
· have a lovely time **즐겁게 시간을 보내다**
It's really nice, and it has a lovely view.
아주 훌륭하고요, 아름다운 경치를 가지고 있어요.

103) **more** [mɔːr] ⓗ **더 많은, 더 큰** 반 less
Carol has more P.E. classes than Kate.
Carol은 Kate보다 체육 시간이 더 많다.

He has more ability than his brother.
그는 형보다 재능이 많다.

104) **natural**★ [nǽtʃərəl] ⓗ **자연의, 자연계의; 타고난**
· natural food **자연 식품**
The country is rich in natural resources.
그 나라는 천연 자원이 풍부하다.

105) **quiet** [kwáiət] ⓗ **조용한, 고요한** 반 noisy
Your voice is too loud, please be quiet!
목소리가 너무 커요, 제발 조용히 해 주세요!

106) **ready** [réadi] ⓗ **준비된**
Dinner is ready. 식사 준비가 되었습니다.

When you get ready to go, please let me know.
갈 준비가 되었으면 나에게 알려줘요.

107) **same** [seim] ⓗ **같은, 마찬가지의; 동일한** 반 **different**
★**별개의 것이지만 종류 · 외관 · 양 등에서 다르지 않다는 뜻을 의미한다.**
Three of the girls had the same umbrella.
소녀들 중 셋은 같은 우산을 갖고 있었다.
The weather in Korea is not always the same.
한국의 날씨는 항상 같지 않다.

108) **social** [sóuʃəl] ⓗ **사회적인; 사회 생활을 하는**
Man is a social animal. 인간은 사회적 동물이다.

109) **sports** [spɔːrts] ⓗ **(복장 등이) 경쾌한, 날씬한, 스포츠용의**
· sports shoes **운동화** · a sports counter **스포츠용품 매장**

110) **sure** [ʃuər] ⓗ **확신하는, 틀림없는**
I'm not sure, but I think I like science the most.
확실하지는 않지만, 과학이 아주 좋은 것 같아요.

111) **sweet** [swiːt] ⓗ **단, 달콤한; 맛있는** 반 **bitter**
Pineapples taste sweet and sour.
파인애플은 달콤하고 신 맛이 난다.

Navigation

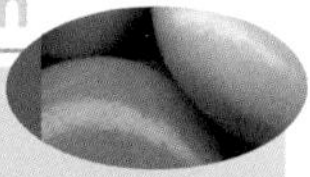

Q want to + 동사 원형에 대해서 설명 좀 해 주세요.

A "want to~ ~하기를 원하다"의 뜻으로, to 다음에는 동사원형이 오는 것이 원칙이며, 이때 to부정사는 명사적 용법에 해당합니다. 같은 표현으로는 "would like to + 동사 원형"이 있습니다.

I want to be a scientist. = I'd like to be a scientist.
나는 과학자가 되고 싶다.

112) **bark** [baːrk] ⓢ **짖다**
Puppies always bark. 강아지들은 언제나 짖기만 한다.

113) **blow** [blou] ⓢ **(바람이) 불다** (blow - blew - blown)
The wind began to blow. 바람이 불기 시작했다.

114) **bring** [briŋ] ⓢ **가져오다** (bring - brought - brought)
Don't bring any food into the pool.
수영장 안으로 음식을 가지고 들어오지 마세요.

115) **draw** [drɔː] ⓢ **끌다; 그리다** (draw - drew - drawn)
Using thick pens, draw a dot of colors in the middle of each circle. 굵은 펜을 사용하여 각각의 원 중앙에 색 점을 하나 그려라.

116) **drive** [draiv] ⓢ **운전하다** (drive - drove - droven)
· drive a taxi **택시를 몰다**
Will you walk or drive? 걸어가겠어요, 차를 타고 가겠어요?

117) **hike** [haik] ⓢ **하이킹하다, 도보 여행하다**
I'm going to hike with my basketball team. Let's go together.
나는 우리 농구팀과 함께 하이킹을 갈 거야. 함께 가자.

118) **join** [dʒɔin] ⓢ **결합하다, 가입하다**
Which club do you want to join?
어떤 동아리에 가입하고 싶니?

119) **leave** [liːv] ⓢ **남기다; 떠나다; 출발하다** (leave - left - left)
Oh, it's five to twelve! You'd better leave now.
12시 5분전이야! 지금 출발하는 게 좋겠다.

120) **practice** [prǽktis] ⓢ **연습하다** ⓜ **실행, 연습**
Let's practice this expression. 이 표현을 연습해 봅시다.

121) **put** [put] 동 **올리다, 넣다 (put - put - put; putting)**
I need to put the cans into the recycling bin, Open the bin for me, will you?
캔들을 재활용품 통에 넣어야 하거든. 그 통 좀 열어 줄래?

122) **relax** [rilǽks] 동 **늦추다; 긴장을 풀다**
Sit down and relax. 앉아서 편히 쉬세요.
Before you begin, try to relax.
시작하기 전에 긴장을 푸세요.

123) **remember** [rimémbəːr] 동 **기억하다**
I cannot remember his name. 그의 이름이 생각나지 않는다.

124) **ride** [raid] 동 **타다, 타고 가다 (ride - rode - ridden)**
· ride on a bus **버스를 타다** · ride in a car **차를 타다**
Can you give me a ride, please? 나 좀 태워다 줄래?

125) **show** [ʃou] 동 **보이다; 안내하다; 제시하다**
Show me your catalog, please.
카탈로그 좀 보여 주세요.
Will you show me the way to the station?
정거장으로 가는 길을 알려 주시겠습니까?

126) **wish** [wiʃ] 동 **바라다, 빌다**
Make a wish before you blow out the candle light.
촛불을 끄기 전에 소원을 빌어.

127) **can** [kæn] 조 **~할 수 있다** 동 **be able to**
Can you help me? I can't solve this puzzle.
나 좀 도와줄래? 이 퍼즐을 풀 수가 없어.
★「can과 미래시제」can의 미래시제는 will be able to인데, if절 속에서는 미래의 일을 말하고 있더라도 can을 사용한다.

128) **instead** [instéd] ㉾ **그 대신에, 그보다도**
I climb stairs instead of taking an escalator or elevator.
나는 에스컬레이터나 엘리베이터를 타는 대신 계단으로 올라간다.

129) **before** [bifɔ́ːr] ㉿ **~전에**
Read the questions before listenig to the tape.
테이프를 듣기 전에 질문을 읽어보세요.

130) **during** [djúəriŋ] ㉿ **~하는 동안**
What did you do during the weekend? 주말에 무엇을 했니?

131) **but** [bət] ㉾ **하지만, 그러나, 그렇지만**
The club meets only once a week, but I practiced at the school tennis court after class every day.
클럽 활동은 일주일에 한 번만 하지만 나는 매일 방과 후에 학교 테니스장에서 연습을 했다.

132) **have a break 쉬는 시간이다**
Let's have a break under this tree. It's too hot.
이 나무 아래서 잠시 쉽시다. 너무 더워요.

133) **make a wish 소원을 빌다**
Make a wish before you blow out the candle light.
촛불을 끄기 전에 소원을 빌어.

134) **next to ~옆에**
The theater is next to the restaurant.
극장은 그 음식점 옆에 있다.

135) **on Thursdays 목요일마다**
We get together and study math and science on Thursdays.
우리는 목요일마다 모여서 수학과 과학을 공부한다.

136) **be over 끝나다**
I'm glad this week is over. 이번 주가 끝나서 기쁘다.

137) **be good at ~을 잘하다**
If you are good at those things, someday your parents will accept your choice. 만약 네가 이러한 것들을 잘한다면, 언젠가는 부모님들도 너의 선택을 받아들일 거다.

138) **look at ~ ~을 보다**
Look at the pictures and read the sample dialogue.
그림들을 보고 보기 대화를 읽어 보세요.

139) **pick up~ ~을 줍다**
Pick up the pencil for me, will you? 연필 좀 집어 줄래?

빈도 부사

always [ɔ́:lweiz] ㊕ **늘, 언제나, 항상**
Appetizing food always smells delicious.
식욕을 돋우는 음식은 언제나 맛있는 냄새가 난다.

never [névəːr] ㊕ **결코 ~않다**
It is never cold, but it is often hot. 결코 춥지 않지만 종종 덥다.

sometimes [sʌ́mtàimz] ㊕ **때때로, 이따금**
She sometimes plays the violin.
때때로 그녀는 바이올린을 켠다.

usually [jú:ʒuəli] ㊕ **보통, 일반적으로**
The second semester usually begins in September.
2학기는 보통 9월에 시작한다.

140) **do well 잘 되다, 성공하다**
Don't be nervous. You'll do well.
긴장하지 마세요. 당신은 잘하실 거예요.

141) **go for a walk 산책하다**
Shall we go out for a walk?
밖에 산책이나 갈까?

142) **go to school 학교에 가다**
When I go to school, I have to wear a school uniform.
학교 갈 때는 교복을 입어야 된다.

143) **have a party 파티를 열다**
I have a dinner party tomorrow.
내일 저녁 파티가 있습니다.

144) **have a breakfast 아침식사를 하다**
I got up early and had a big breakfast with my family.
나는 일찍 일어나서 가족과 함께 푸짐한 아침 식사를 했다.

145) **take a picture 사진찍다**
We went to the beach and took a lot of pictures.
해변에 가서 사진도 많이 찍었다.

146) **take a walk 산책하다**
They went to the park to take a walk.
그들은 산책을 하기 위해 공원에 갔다.

147) **use the Internet 인터넷을 하다**
We can use the internet easily through computer games.
컴퓨터 게임을 통해 인터넷을 쉽게 사용할 수 있다.

Communication Function

When I go to school, I have to wear a school uniform.
학교 갈 때는 교복을 입어야 된다.

I don't have to worry about my clothes every day.
나는 매일 옷 걱정을 할 필요가 없다.

1) have to, must는 '필요'와 '의무'를 나타내는 조동사이다.
In P.E. class I have to wear a jogging suit.
체육 시간에 체육복을 입어야 한다.

2) have to, must가 부정으로 쓰이면 뜻이 달라진다.
don't have to ~할 필요가 없다; must not ~해서는 안 된다
I don't have to go to work today. 오늘 직장에 갈 필요가 없다.
You must not fight with your brother. 동생과 싸워서는 안 된다.

Try It Again

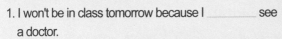

빈 칸에 알맞은 말을 쓰시오.

1. I won't be in class tomorrow because I ________ see a doctor.
2. You ________ cross the road if there is not a crossroad.
3. I ________ finish this science homework by tomorrow.
4. I ________ go to the bathroom, please.
5. You ________ swim that far. The water is too deep.

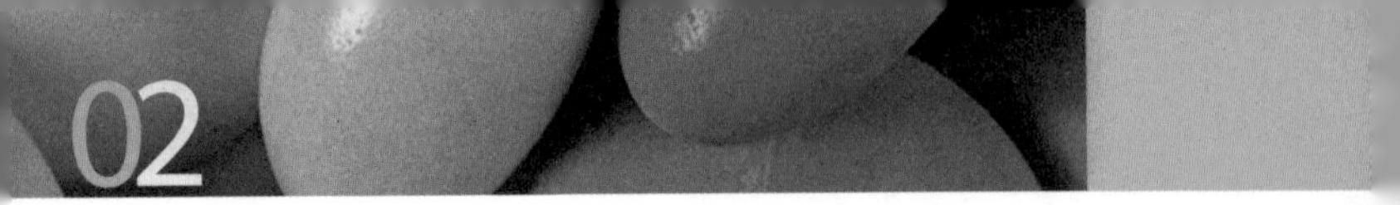

art [ɑːrt] 명 예술, 미술

bench★ [bentʃ] 명 벤치, 긴 의자

breakfast★ [brékfəst] 명 아침식사

club [klʌb] 명 클럽, 동호회

dinner★ [dínər] 명 저녁식사

drama [drάːmə] 명 극, 연극

family [fǽməli] 명 가족

lunchtime [lʌ́ntʃtàim] 명 점심시간

jean [dʒiːn] 명 진; 청바지

bank [bæŋk] 명 은행

birthday [bə́ːrədèi] 명 생일

candle [kǽndl] 명 초

cookie [kúki] 명 쿠키

dance [dæns] 명 춤

evening [íːvniŋ] 명 저녁

library★ [láibrèri] 명 도서관

jacket [dʒǽkit] 명 웃옷

fire [faiər] 명 불

---

gold [gould] 명 금

hand [hænd] 명 손

movie★ [múːvi] 명 영화

office★ [ɔ́fis] 명 사무실

pilot [páilət] 명 조종사

question [kwéstʃən] 명 질문

rice [rais] 명 쌀

ring [riŋ] 명 반지

singer [síŋəːr] 명 가수

spring [spriŋ] 명 봄

hall★ [hɔːl] 명 집회장

morning [mɔ́ːrniŋ] 명 아침

night [nait] 명 밤

party [pάːrti] 명 모임, 파티

point★ [pɔint] 명 점, 점수

red [red] 명형 붉은색(의)

right★ [rait] 명형 오른쪽(의)

science★ [sáiəns] 명 과학

song [sɔŋ] 명 노래

thing★ [θiŋ] 명 것, 물건, 물체

town [taun] 명 마을

surf [sə:rf] 명 밀려드는 파도

weekend [wí:kènd] 명 주말

many [méni] 형 많은

great [greit] 형 큰; 대단한

ugly* [ʌ́gli] 형 못생긴

let* [let] 동 ~하게 하다

core subjects 필수과목

tour guide 여행 안내자

T-shirt [tí:ʃə̀rt] 명 T셔츠

way [wei] 명 길

blue [blu:] 형 푸른, 푸른색의

fun* [fʌn] 형 즐거운

only* [óunli] 형 유일한

excuse* [ikskjú:z] 동 용서하다

after school* 방과 후에

free time* 여가 시간

volunteer work 자원 봉사 활동

Try It Again 쪽지 시험

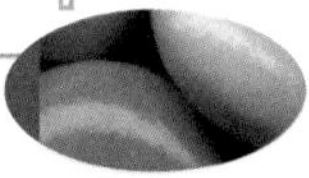

A 다음 주어진 단어의 뜻을 쓰시오.

activity ________ natural ________ lazy ________

litter ________ noodle ________ relax ________

B 우리말을 주어진 철자로 시작는 단어를 쓰시오.

유명한 - f________ 연습하다 - p________

1. 다음 중 비슷한 말끼리 연결된 것은?

① cool-warm ② sweet-bitter
③ quiet-noisy ④ dark-light
⑤ gift-present

2. 다음 두 단어의 관계가 나머지 넷과 다른 것은?

① blow-blew ② draw-drew
③ take-told ④ bring-brought
⑤ leave-left

3. 다음 중 우리말과 영어가 같은 뜻으로 연결되지 않은 것은?

① bench-긴 의자
② false-그릇된, 틀린
③ twin-쌍둥이
④ litter-작은, 적은
⑤ volunteer-자원봉사자

4. 다음 빈칸에 들어갈 알맞은 것을 고르시오.

The first semester ________ begins in March.

① never ② often ③ usually
④ sometimes ⑤ seldom

[5-6] 다음 우리말과 일치하도록 빈 칸에 알맞은 말을 쓰시오.

5. 엘리베이터 대신에 계단을 이용해라.
Take the stairs __________ of elevators.

6. 그들은 재활용품 통을 가지고 공원에서 빈병들을 줍는다.
They carry recycling bins with them and _________ empty bottles in the parks.

7. 다음 설명에 해당하는 단어는?

a room or building containing books that can be looked at or borrowed

① hall ② museum ③ library
④ core subjects ⑤ tour guide

8. 다음 빈칸에 들어갈 알맞은 것을 고르시오.

A farmer and his son were going on a long journey through the mountains. They had their horse with them. As they were walking, they met a man, "How foolish you are!" said the man, "Why don't you _________ the horse? Good idea!" said the farmer, and put son on the horse.

① take ② excuse ③ relax
④ ride ⑤ remember

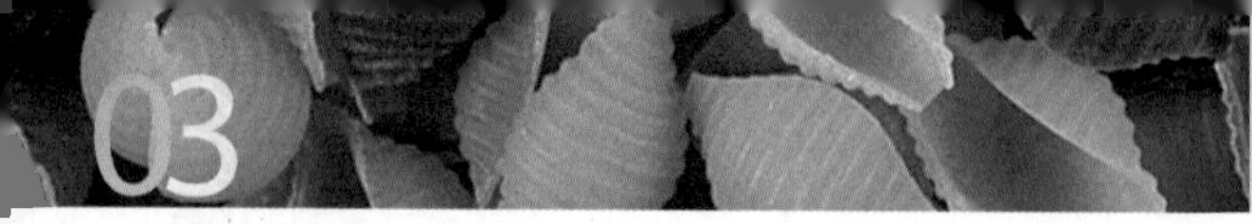

148) **blanket*** [blǽŋkit] (명) **담요**
I want a blanket. 담요 하나 주세요.

149) **bone** [boun] (명) **뼈**
He found a bone tied on both sides by strings.
그는 끈으로 양쪽이 묶여 있는 뼈다귀 하나를 발견했다.

150) **bridge** [bridʒ] (명) **다리, 교량; 육교**
Among all the bridges across the Thames, Tower Bridge is the most famous.
템즈 강을 가로 지르는 모든 다리들 중에서 타워 브리지는 가장 유명하다.

151) **center** [séntər] (명) **중심, 중앙** [동] **middle**
The vase is in the center of the table.
그 꽃병은 탁자 중앙에 있다.

152) **concert*** [kánsərt] (명) **합주; 연주회, 음악회**
Would you like to go to the concert with me?
콘서트에 같이 갈래?

153) **contest** [kántest] (명) **경연, 콘테스트** [동] **match**
Next week I'm going to Australia to attend a taekwondo contest.
다음 주에 나는 태권도 시합에 출전하기 위해 호주로 갈 거다.

154) **corner** [kɔ́ːrnər] (명) **모퉁이; 구석, 귀퉁이**
There is a sign at the corner of the street.
길의 코너에 표지판이 있다.

155) **farm** [faːrm] (명) **농장, 농지, 농원**
We grow many vegetables on our farm.
우리 농장에서는 채소를 많이 재배한다.

156) **festival**★ [féstəvəl] (명) **잔치, 축전, 축제** (동) **feast**
The festival will bring people from all over the world to our city.
이 축제는 전 세계로부터 사람들을 우리 시로 불러 모을 것이다.

157) **exercise** [éksərsàiz] (명) **운동; 연습** (동) **운동하다, 훈련하다**
Why don't you drink a lot of milk and exercise regularly?
우유를 많이 마시고 규칙적으로 운동을 하는 게 어떠니?

158) **field** [fi:ld] (명) **들, 벌판; 논, 밭, 목초지**
In the fields are watermelon, cotton, and sugar cane.
밭에는 수박, 면화 그리고 사탕수수가 있다.

159) **horror**★ [hɔ́:rər] (명) **공포, 전율; 혐오**
Which movies do you like better, comedies or horrors?
어떤 영화를 좋아하니, 코미디? 아니면 공포?

160) **lake** [leik] (명) **호수; 연못**
The lake is twenty meters deep.
그 호수는 깊이가 20 미터나 된다.

Navigation

Q 항상 복수형으로 쓰는 명사를 알려 주세요?

A 의류명과 도구명은 언제나 복수로 사용해요. 물론 동사도 복수 동사를 사용하죠. 수를 나타낼 때는 단위명사[a, two pair(s) + of] + 복수 명사를 사용한다는 점에 유의해야 됩니다.

- a pair of gloves 장갑 한 켤레
- shoes(신발), glasses(안경), pants(바지), socks(양말), scissors(가위), compasses(콤파스)

161) **life** [laif] ⓜ **생명; 삶; 생명** (복) **lives**
In life we must do many things we don't desire to do.
인생에는 하고 싶지 않아도 해야 하는 일이 많다.

162) **mud**★ [mʌd] ⓜ **진흙** [cf.] mad 미친
There is mud at the bottom of the pond.
그 연못 바닥에는 진흙이 있다.

163) **north** [nɔːrθ] ⓜ **북쪽** ⓗ **북쪽의**
There is an extensive national park in the north.
북쪽에 광대한 국립 공원이 있다.

164) **paradise**★ [pǽrədàis] ⓜ **천국**
This place is a children's paradise.
이 곳은 아이들의 천국이다.

165) **passage**★ [pǽsidʒ] ⓜ **글; 통행, 통과**
No passage this way.
이 길은 통행 금지다.
What's the best topic of this passage?
이 글의 가장 적당한 주제는?

166) **period** [píəriəd] ⓜ **기간; 시대**
The standard loan period is 14 days.
보통 빌려주는 기간은 14일이다.

167) **pleasure** [pléʒər] ⓜ **기쁨, 즐거움(enjoyment)**
Actors give people a lot of pleasure.
배우들은 사람들에게 많은 즐거움을 준다.

168) **pond**★ [pɔnd] ⓜ **연못**
The depth of this pond is about 2 feet.
그 연못의 깊이는 2피트 정도이다.

169) **present** [prézənt] (명) **선물**
What will you buy for Jane's birthday present?
Jane의 생일 선물로 뭘 살 거야?

170) **road** [roud] (명) **길**
You must not cross the road if there is not a crossroad.
횡단보도가 없으면 길을 건너지 마라.

171) **schedule** [skédʒul] (명) **시간표(timetable), 스케줄**
What's the schedule for this week?
이번 주 스케줄이 어떻게 되지?

172) **side** [said] (명) **쪽, 측, 측면, 면**
The Pyramids were built on the west side of the Nile River.
피라미드는 나일강의 서쪽에 지어졌다.
I can write on the other side of the paper.
그 종이의 뒷면에 쓰면 된다.

173) **snack** [snæk] (명) **가벼운 식사**
Popcorn is his favorite snack.
팝콘은 그가 가장 좋아하는 스낵이다.

174) **stadium*** [stéidiəm] (명) **경기장, 스타디움**
The stadium was filled for the big game.
그 큰 시합 때문에 경기장이 만원이 되었다.

175) **team** [tiːm] (명) **조, 팀; 작업조; 한 패**
We need eleven players to make a team.
팀을 구성하려면 11명의 선수가 필요하다.

176) **wall** [wɔːl] (명) **벽, 담, 외벽, 내벽**
A man was painting the wall of a flower shop.
한 남자가 꽃 가게의 벽을 칠하고 있었다.

177) **afraid** [əfréid] ⓗ **두려워하는**
The timid child was afraid of the dark.
겁 많은 그 아이는 어둠을 두려워했다.

178) **bored**★ [bɔːrd] ⓗ **지루한, 싫증나는**
She was bored with her job. 그녀는 일에 싫증이 났다.

179) **both** [bouθ] ⓗ **양쪽의, 둘 다의**
There are many shops on both sides of the road.
그 길 양쪽에는 가게들이 많이 있다.
★both는 정관사 · 소유형용사 · 지시형용사에 앞에 오고, both 뒤의 the는 종종 생략된다.

180) **clean** [kliːn] ⓗ **청결한, 깨끗한** 반 **dirty**
If animals can't find clean water to drink, they will die out.
만약 동물들이 마실 깨끗한 물을 구할 수 없다면, 멸종할 거다.

181) **comic**★ [kɔ́mik] ⓗ **희극의, 희극풍의** 반 **tragic**
He took center stage as the best comic actor.
그는 최고의 코미디 배우로 각광 받았다.

182) **either** [íːðər] ⓗ **둘 중 하나의**
He isn't a hero either a villain. He is just a normal person.
그는 영웅도 악당도 아니다. 그는 평범한 사람이다.

183) **foul** [faul] ⓗ **파울의; 반칙적인** 반 **fair**
Don't make any foul from now. 지금부터 반칙을 하지 말아라.

184) **heavy** [hévi] ⓗ **무거운** 반 **light**
· heavy rain **폭우** · a heavy injury **중상**
He is strong enough to carry the heavy box.
그는 무거운 상자를 옮길 만큼 힘이 세다.

185) **important** [impɔ́ːrtənt] 형 **중요한, 의의 있는**
It takes time to achieve an important goal.
중요한 목표를 달성하는 데에는 시간이 걸린다.

186) **poor** [puər] 형 **가난한, 빈곤한** 반 **rich**
She decided to devote the rest of her life to helping the poor.
그녀는 자신의 남은 삶을 가난한 사람을 돕는 데 바치기로 결심했다.

187) **straight** [streit] 형 **곧은, 일직선의**
Go straight two blocks and make a left turn at the corner.
곧장 두 블록을 가서 모퉁이에서 왼쪽으로 돌아가세요.

188) **sunny*** [sʌ́ni] 형 **양지바른, 밝게 비치는, 햇볕이 잘 드는**
In one day it's foggy and rainy in the morning, and sunny in the afternoon.
하루에도 아침에는 안개가 끼고 비가 오다가 오후가 되면 해가 비친다.

189) **super*** [súːpər] 형 **최고급의, 극상의, 특대의**
The food is incredible. Super cheap.
음식이 정말 맛있어요. 아주 저렴하구요.

Navigation

Q much와 many의 차이점을 설명해 주세요?

A much는 "양"을 나타내는 말로서, "수"를 나타내는 many와 대비되며, much는 단수, many는 복수, much의 반의어는 little, many의 반의어는 few를 사용합니다.

We spend too much time watching TV.
우리는TV를 보는 데 너무 많은 시간을 보내고 있다.
How many things do you recycle at your school?
학교에서 몇 가지나 재활용하니?

190) **surprised** [sərpráizd] ⓗ **놀란**
She was so surprised and closed the box quickly.
그녀는 너무 놀라 황급히 상자를 닫았다.

191) **useful** [júːsfəl] ⓗ **쓸모 있는, 유용한, 유익한, 편리한**
Computers are useful for doing many things.
컴퓨터는 많은 일을 하는 데 쓸모가 있다.

192) **warm** [wɔːrm] ⓗ **따뜻한, 온난한; 더운**
Today it will be clear and generally warm.
오늘은 맑고 대체로 따뜻한 날씨가 되겠습니다.

193) **arrive** [əráiv] ⓓ **도착하다**
I couldn't arrive on time because I missed the bus.
버스를 놓쳐서 정각에 올 수가 없었다.

194) **chat** [tʃæt] ⓓ **잡담하다, 담화하다** ⓜ **잡담**
Cyberspace gives us a virtual community where we can make friends, and chat with others.
가상 공간은 우리에게 친구를 사귈 수 있고, 다른 사람들과 채팅할 수 있는 가상 사회를 제공해 준다.

195) **cheer** [tʃiər] ⓓ **응원하다**
Cheer up! You'll do better next time.
기운 내! 다음 번에 더 잘할 수 있을 거다.

196) **cross** [krɔːs] ⓓ **가로 지르다, 건너다**
Be careful when you cross the street.
길을 건널 때 조심해라.

197) **enter** [éntər] ⓓ **~에 들어가다**
They lined up file by file to enter the stadium.
그들은 경기장에 입장하려고 줄지어 섰다.

198) **find** [faind] (동) **찾다** (find - found - found)
It's difficult to find distances with one eye closed.
한쪽 눈을 감은 채 사물의 거리감을 알아내는 것은 어렵다.

199) **forget** [fərgét] (동) **잊다** (forget - forgot - forgotten)
Don't forget to take your briefcase.
잊지 말고 서류가방을 가지고 가세요.

200) **guess** [ges] (동) **추측하다; 알아 맞히다**
Can you guess the answer to this riddle?
이 수수께끼의 답을 알아 맞출 수 있겠니?

201) **kick*** [kik] (동)**차다** · kick a ball **공을 차다**
The men of one village tried to kick a ball to the middle of the other village. 한 마을의 사람들이 다른 마을의 한가운데로 공을 차 넣으려고 애를 썼다.

202) **miss** [mis] (동) **놓치다**
· miss a catch **공을 놓치다** · miss the bus **버스를 놓치다**
I'll never miss such an easy ball again.
다시는 그런 쉬운 공을 놓치지 않을께요.

203) **pick** [pik] (동)**고르다; 꺾다**
Don't pick the flowers. 꽃을 꺾지 마라.
Could you pick out a pair of pants that would go well with this shirt? 이 셔츠랑 잘 어울리는 바지하나 골라주실 수 있어요?

204) **prepare** [pripέər] (동) **준비하다, 채비하다**
· prepare the table **식사 준비를 하다**
· prepare a lesson **학과 예습을 하다**
I have to prepare food for seven people including me.
나를 포함해서 7인분의 음식을 준비하지 않으면 안 된다.

205) **roll** [roul] 동 **구르다, 굴러가다, 회전하다**
A perfect circle can roll very fast.
완벽한 원은 매우 빨리 구를 수 있다.

206) **shake** [ʃeik] 동 **흔들다** (shake - shook - shaken)
Shake hard for five minutes. 5분간 세게 흔드세요.

207) **smell** [smel] 동 **냄새맡다** 명 **냄새, 후각**
I smell something burning.
무엇인가 타는 냄새가 난다.
The first sign of a gas leak is the smell.
가스 누출의 첫째 신호는 냄새이다.

208) **smile** [smail] 동 **미소짓다** 명 **미소**
Grandma welcomed us with a big smile.
할머니는 환하게 웃으시며 우리를 맞아 주셨다.
He smiled as he put on his uniform.
그는 유니폼을 입으면서 미소를 지었다.

209) **stay** [stei] 동 **머무르다, 체재하다**
How long are you going to stay on Korea?
한국에 얼마 동안 계실 예정입니까?

210) **strike** [straik] 동 **치다, 두드리다, 때리다**
He struck me in the jaw. 그는 내 턱을 쳤다.

211) **throw** [θrou] 동 **던지다** (throw - threw - thrown)
Please throw the ball back to me!
그 공을 다시 나한테 던져 주세요!

212) **win** [win] 동 **이기다** (win - won - won; winning)
There is no possibility that he will win the election.
그가 선거에 승리할 가능성은 없다.

213) **worry** [wə́ːri] ⓢ **걱정하다, 근심하다** 동 care
Don't worry. I am sure you'll do well.
걱정하지 마. 난 네가 잘 할거라고 확신한다.

214) **shall** [ʃæl] ⓩ **~할 것이다** (shall - should)
What shall I wear when I go hiking?
하이킹 갈 때 무얼 입어야 할까?

215) **maybe** [méibi] ⓑ **아마, 아마도**
I'm not sure. Medium, maybe.
확실하지는 않아요. 아마도 중간일 거예요.

216) **still** [stil] ⓑ **아직도, 여전히**
My grandfather still has a boneshaker.
할아버지는 아직도 구식 자전거 하나를 가지고 계신다.

217) **against** [əgénst] ⓙ **~에 대항하여**
The two teams played against each other.
두 팀은 서로 대항하여 경기를 했다.

218) **through** [θruː] ⓙ **~을 통하여**
The sun was shining through the glass.
햇빛이 유리를 통해 들어와 비추고 있었다.

219) **be looking at ~을 보다**
They are looking at the board.
그들은 게시판을 보고 있다.

220) **arrive at ~ ~에 도착하다** 반 leave; start
We will soon arrive at the station.
곧 역에 도착할 거다.
We arrived at the top of the mountain.
우리는 산의 정상에 도착했다.

221) **enjoy ~ing ~을 즐기다**
I really enjoyed going to the zoo last week.
지난주에 동물원에 간 것이 정말 즐거웠다.

222) **get together 모이다, 모으다**
On Thanksgiving Day, most American people get together with their family members.
추수 감사절에 대부분의 미국인들은 그들의 가족과 함께 한다.

223) **go straight 똑바로 가다**
Go straight for one block and turn left.
한 블록 곧장 가서 왼쪽으로 돌아라.

224) **go back home 집으로 돌아가다**
Let's go back home 집으로 돌아가자.

225) **look at 바라보다**
Look at the second picture in the middle.
가운데에 있는 두 번째 사진을 보세요.

226) **look for ~ ~을 찾다**
The boy helped an old lady look for a bus station.
소년은 할머니가 버스 정류장 찾는 것을 도와 드렸다.

227) **run after ~을 뒤쫓다; 뒤따르다**
Walk quietly and slowly past the dog. I'm sure the dog will not run after you. 조용하게 걸어서 천천히 개를 지나가. 그 개가 너를 뒤쫓아 뛰어오지는 않을 거다.

228) **see a doctor 의사의 진찰을 받다**
I won't be in class tomorrow because I have to see a doctor. 나는 병원에 가야 하기 때문에 내일 수업에 갈 수 없다.

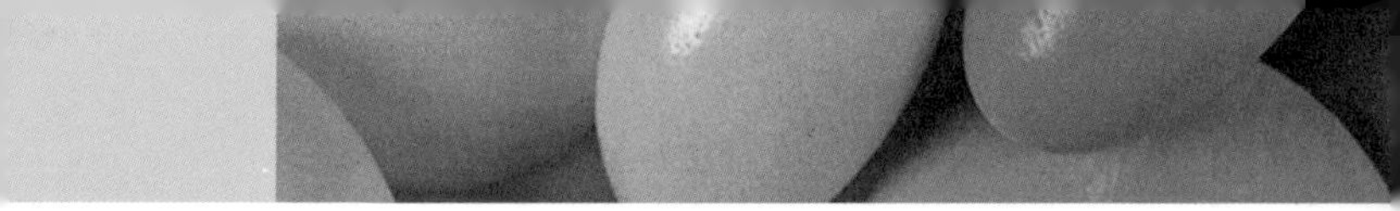

Communication Function

What are you going to do on Tuesday?
화요일에 무엇을 할 거니?

I am going to go to a movie with my friends.
친구들이랑 영화 보러 갈 거예요.

1) **미래에 대한 예정된 계획을 나타낼 때는** "be + going to + **동사원형**" **을 사용한다.**
I am going to see a movie tonight. Are you coming with me?
오늘 밤에 영화 보러 갈 건데 같이 가지 않겠니?

2) **의문문은** (**의문사**) + be + **주어** + going to..?**의 어순을 취한다.**
What are you going to do this summer vacation?
이번 여름 방학 때 무엇을 할 거니?

Try It Again

주어진 단어들을 이용하여 문장을 완성하시오.

1. (with my classmates/ am going to/ volleyball/ I/ play/.)
I ______________________________.

2. (are/ going to/ What/ do/ you/ this weekend/?)
What ______________________________?

April [éiprəl] 몡 4월

balloon [bəlúːn] 몡 풍선

basketball [bǽskitbɔ̀ːl] 몡 농구

daughter★ [dɔ́ːtər] 몡 딸

dress [dres] 몡 드레스

duckling [dʌ́kliŋ] 몡 새끼오리

everything [évriːθiŋ] 때 모든 것

carrot [kǽrət] 몡 당근

gloves★ [glʌvz] 몡 장갑

backyard [bǽkjáːrd] 몡 뒤뜰

baseball [béisbɔ̀ːl] 몡 야구

bat [bæt] 몡 (야구) 베트

desk [desk] 몡 책상

egg★ [eg] 몡 (새의) 알; 달걀

elephant [éləfənt] 몡 코끼리

batter [bǽtər] 몡 타자

clock [klɑk] 몡 시계

goody★ [gúdi] 몡 엿, 사탕

hat [hæt] 몡 모자

kid [kid] 몡 어린이

lesson★ [lésn] 몡 수업; 교훈

park★ [pɑːrk] 몡 공원

pink [piŋk] 몡 분홍색

post★ [poust] 몡 우편, 우편물

ribbon [ríbən] 몡 리본, 띠

socks★ [sɑks] 몡 양말

south [sauθ] 몡 남쪽

sweater [swétər] 몡 스웨터

hospital★ [hάspitl] 몡 병원

kitchen [kitʃin] 몡 주방

letter★ [létəːr] 몡 편지

piglet [píglit] 몡 새끼돼지

pool★ [puːl] 몡 물웅덩이; 풀

rabbit [rǽbit] 몡 토끼

river★ [rívəːr] 몡 강

son [sʌn] 몡 아들, 자식

station [stéiʃən] 몡 정거장, 역

tea [tiː] 몡 차

uncle [ʌ́ŋkəl] 명 아저씨, 백부

cook [kuk] 동 요리하다

eat [iːt] 동 먹다

around★ [əráund] 전 주위에

field trip★ 현장학습

frond yard★ 앞마당

surprise party★ 깜짝 파티

helping hand★ 조력하다

on your right 너의 오른쪽에

beautiful [bjúːtəfəl] 형 아름다운

drink★ [driŋk] 동 마시다

walk★ [wɔːk] 동 걷다

yippee [jípiː] 감 야, 만세

free time★ 여가시간

singing contest★ 합창대회

text message 문자 메시지

on the corner★ 모퉁이에

turn right 우회전하다

Try It Again 쪽지 시험

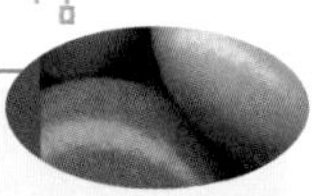

A 다음 주어진 단어의 뜻을 쓰시오.

horror ________ period ________ pleasure ________

bored ________ useful ________ throw ________

B 우리말을 주어진 철자로 시작는 단어를 쓰시오.

축제, 잔치 - f________ 준비하다 - p________

03 Look before you leap.
돌다리도 두들겨 보고 건너라.

1. 다음 중 비슷한 말끼리 연결된 것은?

① clean-dirty ② heavy-light
③ comic-tragic ④ festival-feast
⑤ foul-fair

2. 다음 두 단어의 관계가 나머지 넷과 다른 것은?

① win-won ② strike-struck
③ forget-forgot ④ mud-mad
⑤ shake-shook

3. 다음 중 우리말과 영어가 같은 뜻으로 연결되지 않은 것은?

① exercise-운동, 훈련
② warm-벌레
③ passage-글, 통행
④ through-~을 통하여
⑤ run after-~을 뒤쫓다

4. 다음 빈칸에 들어갈 알맞은 것을 고르시오.

I'm sure she'll be very pleased with the ___________.

① smile ② important ③ present
④ schedule ⑤ paradise

[5-6] 다음 우리말과 일치하도록 빈 칸에 알맞은 말을 쓰시오.

5. 지금 당장은 없습니다만 찾아보도록 하겠습니다.
Not at the moment, but I'll ________ someone for you.

6. 매일 아침 일터에 정각에 도착해야 함을 명심하라.
Be sure you ________ work on time every morning.

7. 다음 설명에 해당하는 단어는?

to have or express the smae opinion about something as someone else

① blanket ② agree ③ straight
④ field trip ⑤ surprise party

8. 다음 빈칸에 들어갈 알맞은 것을 고르시오.

In 1902, President Theodore Roosevelt went hunting with friends. But he couldn't find any animals. Then his friends saw a bear. They chased it for three hours until it was hurt and too tired to move. Then they tied the bear to a tree and said, "Mr. President, shoot the bear." The president looked at the __________ bear.

① board ② afraid ③ poor
④ surprised ⑤ strike

Cartoon

만화보고 단어 외우고

"Wait! Don't you both talk at once!"

***at once** 즉시(immediately), 곧; 동시에

Do it at once. 즉시 하라.

Don't do two things at once.
동시에 두 가지 일을 하려고 하지 마라.

Term-End Examination

04 꼭 암기할 핵심 단어 · 숙어

05 꼭 암기할 핵심 단어 · 숙어

06 꼭 암기할 핵심 단어 · 숙어

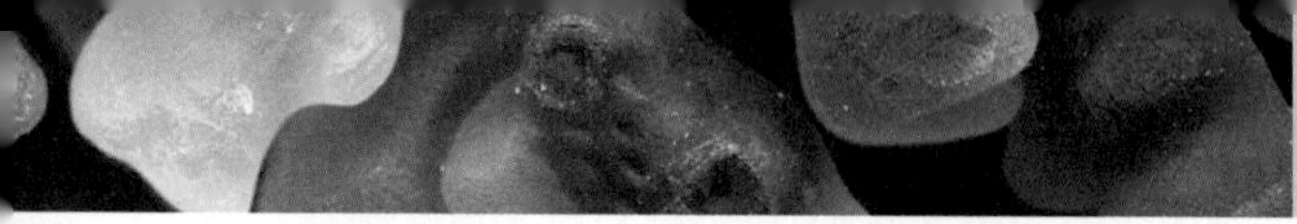

001) **care** [kɛər] 명 **걱정; 주의; 관심** 동 **anxiety**

· take care **조심하다** · take care of **~을 돌보다**

Don't care about me. I'll be fine. 걱정하지마. 괜찮아 질 거야.

Take care not to catch cold. 감기 걸리지 않도록 조심해라.

002) **contest** [kɔ́ntest] 명 **경쟁, 경기; 경연 대회**

He won the swimming contest.

그는 수영 대회에서 우승했다.

003) **earth** [ə:rθ] 명 **지구; 대지**

Can you tell me why some animals have disappeared from the earth?

어떤 동물들이 왜 지구상에서 멸종되었는지 이야기해 줄래?

004) **future** [fjú:tʃər] 명 **미래, 장래**

I want to be a business woman in the future.

미래에 여성 사업가가 되고 싶다.

005) **history** [hístəri] 명 **역사; 사실**

Classical music has a long and interesting history.

고전 음악은 길고 재미있는 역사를 가지고 있다.

006) **shape** [ʃeip] 명 **모양, 형상, 외형**

Some shapes like circles feel soft.

원과 같은 모양들은 부드럽게 느껴진다.

007) **vacation** [veikéiʃən] 명 **방학; 휴가** 동 **holiday**

What are you going to do this summer vacation?

이번 여름 방학 때 무엇을 할 거니?

008) **someone** [sʌ́mwʌ̀n] 대 **누군가, 어떤 사람(somebody)**

When he goes out, someone must help him.

그가 외출을 할 때에는 누군가가 그를 도와 주어야 한다.

009) **angry** [ǽŋgri] ⓗ **성난** · an angry look **성난 얼굴**
I didn't do well in the math exam. My parents will be angry with me.
수학 시험을 잘 보지 못했어. 부모님께서 나에게 화를 내실 거야.

010) **perfect** [pə́ːrfikt] ⓗ **완전한; 정확한** 동 complete
The apple appeared perfect, but it was rotten inside.
그 사과는 겉으로 완벽해 보였지만 속은 썩었다.

011) **sick** [sik] ⓗ **아픈; 병의, 병에 걸린** 동 ill
Amy can't go swimming pool because her mother is sick.
에이미는 어머니가 아프셔서 수영장에 갈 수 없다.

012) **simple** [símpəl] ⓗ **단순한, 간단한** 반 complex
It's simple, just cut along the line and it's done.
간단해 그냥 선을 따라 자르면 된다.

013) **weak** [wiːk] ⓗ **약한; 연약한** 반 strong
We should help old and weak people.
우리는 노인이나 약한 사람들을 도와야 한다.

Navigation

Q this가 시간을 나타내는 단어와 함께 쓸 수 있나요?

A "쓸수 있어요.", this는 시간을 나타내는 단어와 함께 쓰여 '지금, 오늘, 현재'라는 의미로 쓰이며, in the morning(아침에), at night(밤에) 등과 달리 전치사를 쓰지 않습니다.

I want to go to the party this evening.
오늘 저녁에 파티에 가고 싶다.

I couldn't arrive on time because I overslept this morning.
오늘 아침에 늦잠을 자서 제 시간에 올 수 없었어요.

014) **begin** [bigín] 동 **시작하다(begin-began-begun; beginning)**
What time does the Halloween party begin?
할로윈 파티는 몇 시에 시작되니?

015) **buy** [bai] 동 **사다, 구입하다 (buy - bought - bought)**
Which pants shall I buy, blue jeans or green jeans?
파란색 진 바지와 녹색 진 바지 중 어느 바지를 살까?

016) **change** [tʃeindʒ] 동 **바꾸다** 명 **거스름돈, 잔돈**
We need not change the meeting place.
우리는 만나는 장소를 바꿀 필요가 없다.
Collect change in a jar for a whole month.
한 달 내내 단지에 잔돈을 모으세요.

017) **enter** [éntər] 동 **~에 들어가다**
I saw an old man enter the house.
노인 한 분이 그 집으로 들어가는 것을 보았다.

018) **happen** [hǽpən] 동 **일어나다, 발생하다**
It happened in less than five minutes.
5분도 채 되지 않아서 일어난 일이었다.

019) **leave** [liːv] 동 **남기다; 떠나다 (leave - left - left)**
I have to leave my home at 6:30 to get to school on time.
학교에 제 시간에 도착하려면 집에서 6시 30분에 떠나야 된다.

020) **stay** [stei] 동 **머무르다**
Why can't you stay longer? 왜 좀 더 있을 수 없니?

021) **touch** [tʌtʃ] 동 **닿다, 접촉하다**
Don't touch those wires. 저 전선들을 만지지 마라.
Can you touch the top of the door? 문 꼭대기에 손이 닿니?

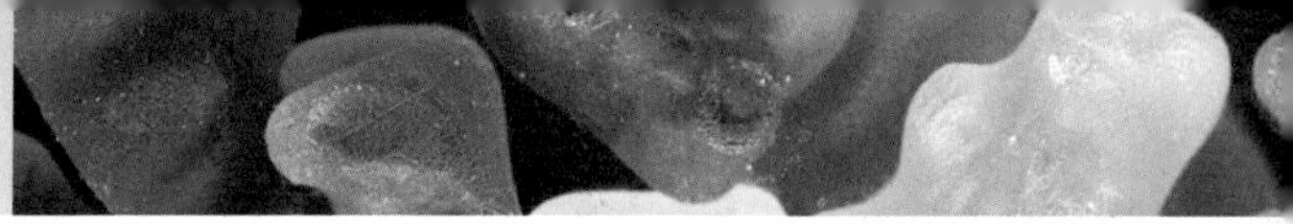

022) **be careful 조심하다**

We should be careful when we eat vegetables.
야채를 먹을땐 주의해야 한다.

023) **be good for ~에 좋다**

Mineral water is good for health. 광천수는 건강에 좋다.
Eating regular meals is good for health.
규칙적인 식사를 하는 것은 건강에 좋다.

024) **in fashion 유행하고 있는**

Mini skirts are in fashion. 미니스커트가 유행이다.

025) **on sale 세일 중인**

Eight dollars. It's on sale now.
8달러입니다. 지금은 할인 판매 중입니다.

026) **pardon me 다시 말해 주시겠어요**

Pardon me? (= I beg your pardon.)
다시 한 번 말씀해 주시겠어요?

027) **take a trip 여행하다**

I have plans to take a trip around the world in the future.
장래에 전 세계를 여행할 계획을 갖고 있다.

028) **try on 입어보다**

May I try this on? 입어봐도 될까요?
Can I try on this jacket?
이 자켓을 입어봐도 돼요?

029) **get 30% off 30% 할인을 받다**

If you buy a round trip ticket, you'll get 30% off.
만약 왕복표를 구입하신다면, 30% 할인 받을 것입니다.

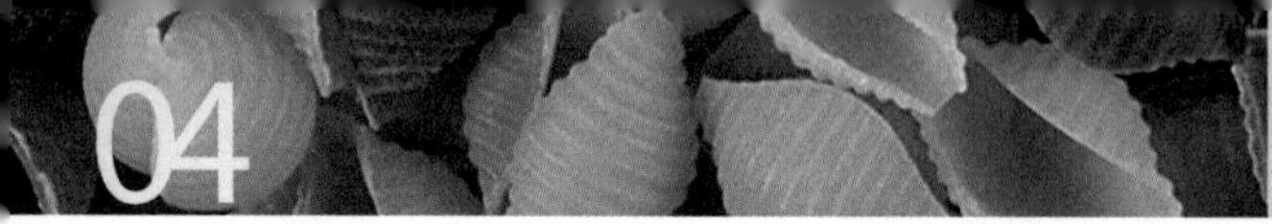

030) **camping** [kǽmpiŋ] ⓜ **야영; 캠프**
Would you like to go camping this weekend?
이번 주말에 캠핑갈래?

031) **campsite**★ [kæmpsàit] ⓜ **캠프장, 야영지**
I passed 3 campsites on my way here.
여기까지 오면서 캠프장 3곳을 지나쳤다.

032) **center** [séntər] ⓜ **중심; 핵심; 중앙**
The heat from the sun is produced in its center.
태양에서 오는 열은 그 중심에서 생성된다.

033) **charity**★ [tʃǽrəti] ⓜ **자선; 자애**
Give the money you saved to charity.
당신이 절약한 돈을 자선 단체에 주세요.

034) **chopstick** [tʃápstìk] ⓜ **젓가락** [cf.] spoon 숟가락
First, you hold the chopsticks. 먼저, 젓가락을 잡아 봐라.

035) **degree** [digríː] ⓜ **도,정도; 학위**
It's almost five degrees higher than average here in Alaska.
이곳 알레스카는 평균보다 거의 5도 정도가 더 높다.
You had a degree in that? 관련 학위를 따셨나요?

036) **fashion** [fǽʃən] ⓜ **양식, 패션**
This fashion came in several years ago.
이 패션은 수년 전부터 유행하기 시작했다.

037) **goal** [goul] ⓜ **골; 목표**
How many goals does each team have?
몇 골씩 넣었는데?
An athlete's goal is to win the first prize in a competition.
운동 선수의 목표는 경기에서 1등을 하는 것이다.

038) **holiday** [hálədèi] ⓜ **휴일** · a national holiday **국경일**
Halloween is the biggest holiday in America.
헬러윈은 미국에서 가장 큰 공휴일이다.

039) **humor** [hjúːmər] ⓜ **유머, 해학** · a sense of humor **유머 감각**
He has a sense of humor and always tells us a good one.
그는 유머 감각이 있고 항상 재미있는 농담을 한다.

040) **light** [lait] ⓜ **빛** ⓗ **밝은** 반 dark
I like the particular quality of light in her paintings.
나는 그녀 그림 속의 빛의 특별한 색감을 좋아한다.
Light colors feel warm. 밝은 색은 따뜻한 느낌이 든다.

041) **luck** [lʌk] ⓜ **행운** 동 fortune
A clover with four leaves is the symbol of luck.
네잎 클로버는 행운의 상징이다.

042) **medium** [míːdiəm] ⓜ **중간; 매체**
She's medium height, just a little shorter than you are.
그녀는 중간 키고, 너 보다 작을 거야.
Air is the medium of sound. 공기는 소리의 매체이다.

Navigation

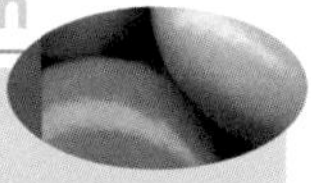

Q 전치사 다음에 인칭대명사의 격에 대해서 알려주세요.

A 전치사 뒤에 인칭 대명사를 쓸 때는 목적격(me, you, him, her, us, them)을 사용합니다. 전치사: to, for, in, on, at, about, with...

I want to go to a movie with her tomorrow morning.
나는 내일 아침 그녀와 영화 보러 가고 싶다.

The computer is useful for doing many things for him.
컴퓨터는 여러 가지 면에 있어서 그에게 유용하다.

043) **mind** [maind] ㊔ **마음, 정신**
Exercise is good for both body and mind.
운동은 몸과 마음 양쪽에 다 유익하다.

044) **neighbor** [néibər] ㊔ **이웃, 이웃집 사람**
I couldn't get to sleep last night because my neighbor was playing the drum.
어젯밤에 이웃 사람이 드럼을 치는 바람에 잠을 못 잤다.

045) **neighborhood*** [néibərhùd] ㊔ **근처, 이웃**
They hung many signs around their neighborhood.
그들은 이웃 주변에 많은 안내문을 붙였다.

046) **pleasure** [pléʒər] ㊔ **기쁨, 즐거움**
Actors give people a lot of pleasure.
배우들은 사람들에게 많은 즐거움을 준다.

047) **restaurant** [réstərənt] ㊔ **식당**
Can you tell me where the restaurant is?
식당이 어디 있는지 말씀해 주시겠어요?

048) **road** [roud] ㊔ **길, 도로**
I didn't see the bike when I was walking on the road.
길을 걸을 때 자전거를 보지 못했다.

049) **sale** [seil] ㊔ **특매; 염가 매출**
Students brought things for sale from home.
학생들은 집에서 팔 물건들을 가지고 왔다.

050) **section*** [sékʃən] ㊔ **구역; 구분**
Shall I show you the way to the best seller section?
베스트셀러 구역으로 안내 해드릴까요?

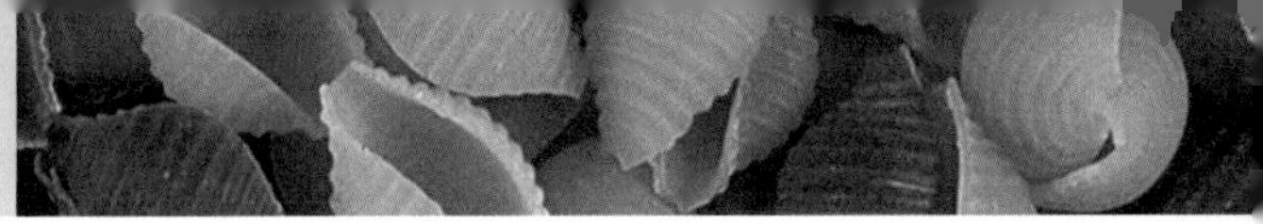

051) **sense** [sens] ⓜ **(시각; 청각; 촉각 등의) 감각; 느낌; 의미**
The computer will be able to sense other cars on the road.
컴퓨터는 도로의 다른 차를 감지할 수 있을 것이다.
That makes sense. 이해가 된다.

052) **strap**★ [stræp] ⓜ **가죽 끈, 고리, 때**
A girl is standing in the aisle and holding a strap.
소녀가 통로에 서서 손잡이를 잡고 있다.

053) **team** [tiːm] ⓜ **단체**
The soccer team won four games in a row.
축구팀이 4 경기를 연달아 이겼다.

054) **trick** [trik] ⓜ **묘기, 책략; 장난**
Stop playing trick on me.
나에게 장난 좀 그만 쳐라.

055) **trip** [trip] ⓜ **여행** ⓢ journey
Can we take a trip around the world?
우리가 세계 일주를 할 수 있을까요?

056) **vet**★ [vet] ⓜ **수의사**
Vets give medical care to injured or sick animals.
수의사는 상처가 났거나 아픈 동물들을 치료해 준다.

057) **another** [ənʌ́ðər] ⓗ **다른 하나의; 다른, 별개의(different)**
One is red, another yellow, and the other blue.
하나는 빨간색, 다른 하나는 노란색이고, 세 번째 것은 파란색이다.

058) **blond**★ [blɑnd] ⓗ **금발의**
She has blond hair and wears a dress.
그녀는 금발머리를 하고 원피스를 입고 있다.

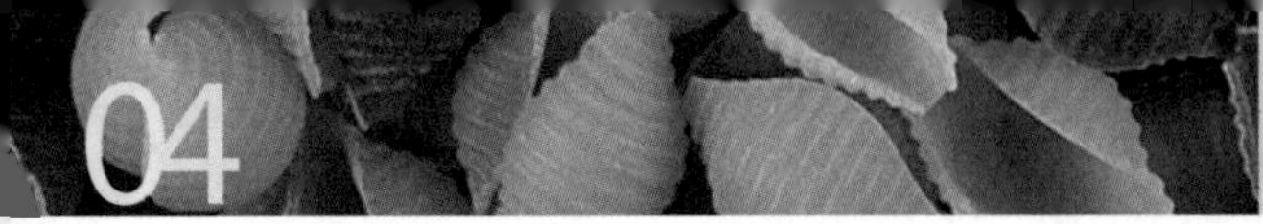

059) **delicious** [dilíʃəs] ⓗ **맛있는, 맛좋은**
Appetizing food always smells delicious.
식욕을 돋우는 음식은 언제나 맛있는 냄새가 난다.

060) **expensive** [ikspénsiv] ⓗ **값비싼** ⓑ cheap
I didn't know perfumes were so expensive.
향수가 이렇게나 비싼지 몰랐다.

061) **famous** [féiməs] ⓗ **유명한; 잘 알려진(well-known)**
My teacher looks like a famous Chinese actress.
나의 선생님은 중국의 유명한 여배우와 닮았다.
What is the most famous fruit here?
이곳에서 가장 유명한 과일은 무엇인가요?

062) **fashionable**★ [fǽʃənəbəl] ⓗ **유행의, 유행을 따른**
In the 1930s, jeans became fashionable not only for work but also for play.
1930년대에 진 바지는 일할 때 뿐만 아니라 놀이용으로도 유행이 되었다.

063) **free** [friː] ⓗ **자유로운; 무료의**
A person can get a free ticket to the May Music Festival.
5월 음악 축제 티켓을 무료로 얻을 수 있다.
Are you free tonight? 오늘 밤 시간 있으세요?

064) **good-looking**★ [gúdlúkiŋ] ⓗ **잘 생긴, 미모의**
He was not very good-looking but he was kind.
그는 매우 잘생긴 얼굴은 아니지만 친절했다.

065) **gray** [grei] ⓗ **회색의, 잿빛의**
My umbrella is gray. 내 우산은 회색이에요.
The door was painted dark gray. 문은 어두운 회색으로 칠해졌다.

066) **homeless**★ [hóumlis] ⓗ **집 없는**
It's a worldwide movement to build houses for the homeless.
그것은 집이 없는 사람들에게 집을 지어주는 세계적인 운동이다.

067) **lucky** [lʌ́ki] ⓗ **행운의**
I'm lucky to have an understanding husband like him.
나는 그처럼 이해심 많은 남편이 있어 행운이다.

068) **magic** [mǽdʒik] ⓗ **마법의** ⓜ **마법**
It's a magic pot.
이건 요술 냄비이다.

069) **popular** [pάpjələr] ⓗ **민중의; 인기 있는**
For a long time pizza was not popular with Americans.
오랫동안 피자는 미국인들에게 별 인기가 없었다.

070) **present** [prézənt] ⓗ **현재의; 출석하고 있는** ⓑ absent
She was not present at the meeting.
그녀는 회의에 참석하지 않았다.
She gave me her present address.
그녀는 자신의 현주소를 내게 알려 주었다.

Navigation

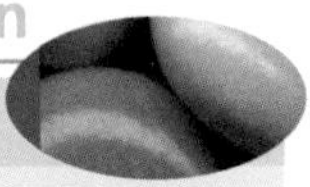

Q 감각동사에는 어떤 것이 있나요?

A 인간이 소유하고 있는 5가지 감각을 나타내는 감각동사에는 (look, sound, taste, smell, feel)등이 있습니다. 이들 뒤에는 일반적으로 형용사가 놓입니다.

She is lying in her bed and looks sick.
그녀는 침대에 누워 있는데 아파 보인다.

Appetizing food always smells delicious.
식욕을 돋우는 음식은 언제나 맛있는 냄새가 난다.

071) **reasonable*** [ríːzənəbəl] ㉠ **분별 있는, 적당한**
Her excuse was not reasonable.
그녀의 변명은 이치에 맞지 않았다.
The price of apples are reasonable. 사과 가격이 비싸지 않다.

072) **regular** [régjələːr] ㉠ **규칙적인** ㉥ **irregular**
Do you have any regular habits?
여러분은 규칙적인 습관을 가지고 있나요?

073) **safe** [seif] ㉠ **안전한** ㉥ **dangerous**
The water is usually clean and safe to drink.
그 물은 일반적으로 깨끗하며 마시는데 안전하다.

074) **sweet** [swiːt] ㉠ **단, 달콤한, 당분이 있는** ㉥ **bitter**
I like sweets like chocolate, cookies, and so on.
초콜릿, 쿠키 등과 같은 단 것을 좋아한다.

075) **tight** [tait] ㉠ **단단한, 바짝 죈** ㉥ **loose**
She was wearing a pair of tight blue jeans.
그녀는 몸에 꼭 끼는 청바지를 입고 있었다.

076) **true** [truː] ㉠ **진실한** ㉢ **진실**
It would be wrong to think this is true.
그것이 사실이라고 생각하는 것은 틀린 것이다.
What if the things she said were not true?
그녀가 한 말들이 사실이 아니라면 어쩌나?

077) **choose** [tʃuːz] ㉣ **선택하다 (choose - chose - chosen)**
· choose between the two **둘 중에서 고르다**
Listen to each dialog and choose the appropriate advice.
각 대화를 듣고, 적절한 충고를 고르세요.

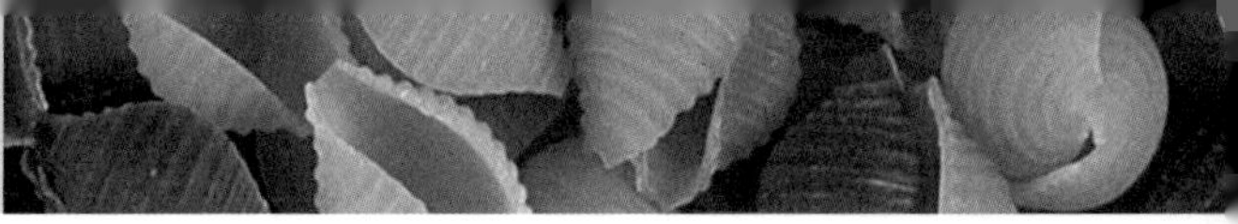

078) **explain** [ikspléin] (동) **설명하다; 분명하게 하다**
Can you explain why you dislike it the most?
네가 왜 그것을 가장 싫어하는지 설명해 줄 수 있니?

079) **fall** [fɔ:l] (동) **떨어지다, 지다 (fall - fell - fallen)** (명) **가을**
Clouds fall out of the sky as rain.
구름은 비가 되어 하늘에서 떨어진다.
Leaves fall in autumn. 가을에는 낙엽이 진다.

080) **fight** [fait] (동) **싸우다 (fight - fought - fought)**
You must not fight with your brother.
동생과 싸워서는 안 된다.

081) **hurry** [hə́:ri] (동) **서두르다** (명) **서두름**
You'd better not be in such a hurry next time you're crossing the street.
다음에 길을 건널 때는 그렇게 서두르지 않도록 해라.

082) **laugh** [læf] (동) **웃다**
When you laugh, your brain works better.
웃으면 두뇌 활동이 활발해진다.

083) **lose** [lu:z] (동) **잃다, 지다 (lose - lost)**
I lost my puppy in the park yesterday.
어제 공원에서 강아지를 잃어버렸다.

084) **put** [put] (동) **놓다, 두다 (put - put - put; putting)**
Put two spoons of powder in warm water.
가루 두 스푼을 따뜻한 물에 넣어라.
I can't remember where I put my watch.
시계를 어디에 뒀는지 기억이 나질 않는다.

085) **remember** [rimémbəːr] ⓢ **생각해내다, 상기하다**
Don't tell me you don't remember it.
설마 그것을 기억하지 못하는 것은 아니겠지.
I'll always remember you. 항상 너를 기억할게.

086) **seem** [siːm] ⓢ **~처럼 보이다**
Even though animals seem different, they all have these three things in common.
비록 동물들이 서로 다르게 보이지만, 그들은 세 가지 공통점을 가지고 있다.

087) **serve** [səːrv] ⓢ **섬기다, ~에 봉사하다**
She planned to prepare breakfast by herself and serve it to her parents.
그녀는 혼자 아침 식사를 준비해서 부모님께 대접하기로 계획을 세웠다.

088) **set** [set] ⓢ **두다, 놓다** (set - set - set; setting)
She set the dish down a short distance away.
그녀는 그 접시를 테이블에서 약간 떨어진 곳에 두었다.
★ set와 put: 둘 다 '특정한 장소에 두다'라는 뜻

089) **show** [ʃou] ⓢ **보이다; 제시하다** · show off **자랑해 보이다**
I like collecting coins of other countries. They show the cultures of those countries.
나는 다른 나라의 동전을 수집하는 것을 좋아해. 동전은 그 나라의 문화를 보여주잖아.

090) **anyway**★ [éniwèi] ⓟ **어쨌든, 하여튼**
OK, anyway I'll go with you. 좋아, 어쨌든 너와 함께 갈게.
Anyway, chatting about the movie with her was really exciting.
어쨌든 그녀와 영화에 대해 채팅 한 것이 정말 흥미 있었다.

091) **behind** [biháind] ㉫㉶ **뒤에** ㉥ **before**
A wolf appeared behind a tree.
늑대 한 마리가 나무 뒤에서 나타났다.

092) **until** [əntíl] ㉶ **~까지**
I shall wait until five o'clock. 5시까지 기다리겠습니다.
The game was not decided until the eighth inning.
그 게임은 8회까지도 승부가 결정 나지 않았다.

093) **set the table 상을 차리다, 준비하다**
I didn't set the table. 나는 식탁을 차리지 않았다.

094) **take care of 돌보다**
Do you know how to take care of yourself?
자기 자신을 돌보는 방법을 알고 있나요?

095) **thank ~ for ~에 대해 ~에게 감사하다**
Thank you for coming to my party.
파티에 와 주셔서 고맙습니다.

week

Sunday [sʌ́ndei] **일요일**
Monday [mʌ́ndei] **월요일(Mon.)**
Tuesday [tjú:zdei] **화요일(Tue.)**
Wednesday [wénzdèi] **수요일(Wed.)**
Thursday [θə́:rzdei] **목요일(Thur.)**
Friday [fráidei] **금요일(Fri.)**
Saturday [sǽtərdi] **토요일(Sat.)**

What day of the week is it? = What is the day of the week?
오늘은 무슨 요일이니?

January [dʒǽnjuèri] 1월

New Year Day 설날

February [fébruèri] 2월

March [mɑːrtʃ] 3월

New School Term 신학기

April [éiprəl] 4월

May [mei] 5월

Parent's Day 어버이날

June [dʒuːn] 6월

Memorial Day 현충일

July [dʒuːlái] 7월

Summer Vacation 여름방학

August [ɔ́gəst] 8월

September [səptémbər] 9월

Chusok the Korean

Thanks-giving Day 추석

October [ɑktóubər] 10월

November [nouvémbər] 11월

December [disémbər] 12월

Christmas Day 크리스마스

Winter Vacation 겨울방학

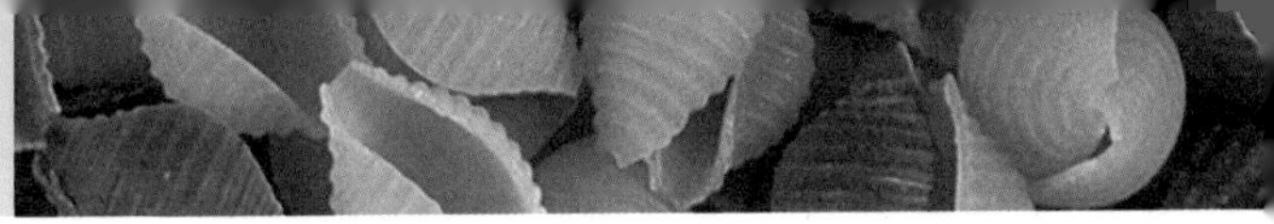

Communication Function

It is cold and windy in winter.
겨울은 춥고 바람이 분다.

At school? But it's seven o'clock.
학교에? 하지만 지금 7시인데.

It은 날씨, 시간, 요일, 거리, 명암 등을 나타내는 형식상 주어로 해석은 하지 않는다.

1. It's dark in this classroom. 이 교실은 어둡다.
2. It's 4 o'clock. 4시이다.
3. It's Wednesday. 수요일이다.

Try It Again

다음 it의 쓰임이 다른 것을 고르시오. (2개)

① It's hot and dry.
② It's very small.
③ It's warm and pleasant.
④ This is a book. It's mine.
⑤ It's three miles from here to the school.

04

artist [ɑ́:rtist] 명 예술가, 화가
blouse [blaus] 명 블라우스
children* [tʃíldrən] 명 아이들
dictionary [díkʃənèri] 명 사전
gate [geit] 명 문, 입구
hairpin [hɛərpin] 명머리핀
leg [leg] 명 다리
mountain [máuntən] 명 산
parent* [pɛ́ərənt] 명 어버이
beanbag [bí:nbæ̀g] 명 공기
candy [kǽndi] 명 사탕
date [deit] 명 날짜, 연월일
fish [fiʃ] 명 물고기
goat [gout] 명 염소
hat [hæt] 명 (테가 있는) 모자
magician [mədʒíʃən] 명 마술사
museum [mju:zíəm] 명 박물관
pilot [páilət] 명 조종사

pocket [pɔ́kit] 명주머니
shop [ʃɑp] 명 가게
soap* [soup] 명 비누
store [stɔ:r] 명 가게
subway [sʌ́bwèi] 명 지하철
theater [θíətə:r] 명 극장
warmup [wɔ́:rmʌ̀p] 명 준비 운동
green [gri:n] 형 녹색의, 초록의
special* [spéʃəl] 형 특별한
dance [dæns] 동 춤추다
rose* [rouz] 명 장미
size [saiz] 명 크기, 넓이, 치수
stick* [stik] 명 막대기
strawberry [strɔ́:bèri] 명 딸기
suit [su:t] 명 정장; 소송
thing [θiŋ] 명 사물, 물체
different* [dífərənt] 형 다른
left [left] 형 왼쪽의
wrong* [rɔ:ŋ] 형 잘못된
drive [draiv] 동 몰다, 운전하다

finish★ [fíniʃ] (동) 끝내다 give★ [giv] (동) 주다

hear★ [hiər] (동) 듣다 (hear - heard) invent★ [invént] (동) 발명하다

need [ni:d] (동) 필요로 하다 turn [tə:rn] (동) 돌다

visit [vízit] (동) 방문하다 also [ɔ́:lsou] (부) 역시, 또한

always [ɔ́:lweiz] (부) 항상 by★ [bai] (부) 곁에 (전) ~옆에

last week 지난 주 movie director 영화 감독

tour guide 여행 안내원 warmup suit★ 운동복, 연습복

be in good shape★ 체격이 좋다; 건강 상태가 좋다

have a good sense of humor 유머 감각이 뛰어나다

Try It Again 쪽지 시험

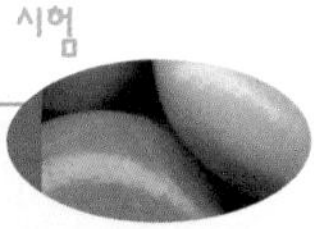

A 다음 주어진 단어의 뜻을 쓰시오.

charity ________ delicious ________ serve ________

sense ________ degree ________ invent ________

B 우리말을 주어진 철자로 시작는 단어를 쓰시오.

집 없는 - h________ 웃다 - l________

1. 다음 중 비슷한 말끼리 연결된 것은?

① weak-strong ② light-dark
③ present-absent ④ simple-complex
⑤ perfect-complete

2. 다음 두 단어의 관계가 나머지 넷과 다른 것은?

① luck-fortune ② ill-sick
③ care-anxiety ④ buy-bought
⑤ vacation-holiday

3. 다음 중 우리말과 영어가 같은 뜻으로 연결되지 않은 것은?

① medium-중간
② charity-자선
③ famous-유명한
④ present-결석한
⑤ explain-설명하다

4. 다음 빈칸에 들어갈 알맞은 것을 고르시오.

The old woman got a handhold on a hand ________ of the bus.

① road ② tight ③ laugh
④ strap ⑤ fight

[5-6] 다음 우리말과 일치하도록 빈 칸에 알맞은 말을 쓰시오.

5. 우리 현장 학습 간다는 얘기 들었니?

Did you hear that we're going to __________ field __________?

6. 너와 연락하고 싶지만 어떻게 해야 할지 모르겠다.

I want to keep in ________ you but I don't know how.

7. 다음 설명에 해당하는 단어는?

Crops are grown and animals are raised here

① begin ② lose ③ farm
④ enter ⑤ degree

8. 다음 빈칸에 들어갈 알맞은 것을 고르시오.

Once there was a farmer. He had three sons. When he was to die, he called his sons and said: "My boys, I'm going to leave this world. You must dig in the vineyard. I hid something precious there. That's all I have." After he died, the sons dug every inch of the soil in the vineyard. The thought that there must be a ______________.

① serve ② treasure ③ remember
④ reasonable ⑤ take care of

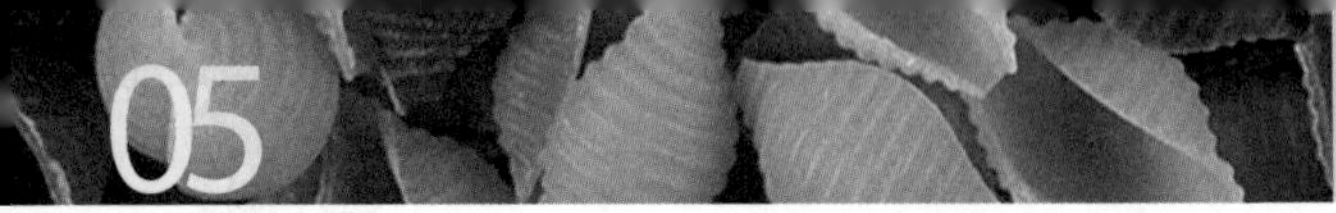

096) **advice** [ædváis] ⓜ **충고, 조언**
Listen to each dialog and choose the appropriate advice.
각 대화를 듣고, 적절한 충고를 고르세요.

097) **astronaut★** [ǽstrənɔ̀ːt] ⓜ **우주 비행사**
The first astronaut in space was Yuri Gagarin from Russia.
첫 우주 비행사는 러시아의 유리 가가린이었다.

098) **breeze★** [briːz] ⓜ **산들바람**
There was usually a cool, pleasant breeze out on the porch.
보통 베란다에는 시원하고 기분 좋은 바람이 불었다.

099) **content★** [kəntént] ⓜ **만족; (복) 내용, 목차**
Content yourself with the present state. 현 상태에 만족해라.
Could you explain its contents? 내용물을 설명해 주시겠어요?

100) **garbage★** [gáːrbidʒ] ⓜ **쓰레기**
Who took out the garbage this morning?
오늘 아침에 누가 쓰레기 버렸니?

101) **gum** [gʌm] ⓜ **고무질, 점성 고무; 껌**
Would you like a piece of gum? 껌하나 씹으실래요?

102) **habit** [hǽbit] ⓜ **습관, 버릇, 습성**
Don't encourage bad habits in a child.
아이에게 나쁜 습관을 조장하지 말라.

103) **heat** [hiːt] ⓜ **열, 더위** ⓢ **가열하다**
· the heat of the sun **태양의 열**
I nearly fainted in the heat. 더위로 기절할 뻔했다.
The sun is not able to heat the atmosphere equally.
태양은 모든 대기를 똑같이 데울 수가 없다.

104) **leaf** [liːf] (명) **나뭇잎**
The Canadian flag has a maple leaf on it.
캐나다 국기에는 단풍잎이 하나 있다.

105) **matter** [mǽtəːr] (명) **문제** · a matter of time **시간문제**
Don't bother me with such a small matter.
그런 사소한 문제로 나를 귀찮게 하지 말아라.

106) **medicine★** [médəsən] (명) **약** · take medicine **약을 먹다**
This medicine will help your cough.
이 약을 먹으면 기침이 가라앉을 것이다.

107) **mirror★** [mírər] (명) **거울** (동) **looking glass**
· look in the mirror **거울을 보다**
An oval mirror was hung on the wall.
벽에 타원형의 거울이 하나 걸려 있었다.

108) **nap** [næp] (명) **낮잠** (동) **졸다, 낮잠 자다** (동) **sleep**
Grandfather naps in his armchair.
할아버지는 안락의자에서 낮잠을 주무신다.

Navigation

Q leaf의 복수는 leafs가 맞나요?

A 먼저, 답부터 말하자면 틀렸어요. "f, fe"로 끝나는 경우, "f, fe"를 "v"로 고치고 "es"를 붙입니다. 따라서, leaf의 복수는 "leaves"로 해야 맞습니다. 참고로, roof, chief, safe, cliff, proof 등은 어미에 "s"를 붙입니다.

leaf	half	knife	life	예외) roof
leaves	halves	knives	lives	roofs

109) **nature**★ [néitʃər] ㉵ **자연** · preserve nature **자연을 보호하다**
She wants to travel around the world and take pictures of nature. 그녀는 세계를 여행하며 자연의 사진을 찍기를 원한다.

110) **origin**★ [ɔ́:rədʒin] ㉵ **기원; 유래**
Samba is a quick dance of Brazilian origin.
삼바는 브라질 고유의 빠른 춤이다.

111) **person** [pə́:rsən] ㉵ **사람, 인간**
Every person has to decide what is right for him or her.
각자 자신에게 적합한 것이 무엇인지 결정해야 한다.

112) **pollution**★ [pəlú:ʃən] ㉵ **오염** · noise pollution **소음공해**
Pollution is killing many animals today.
오염은 오늘날 많은 동물들을 죽이고 있다.

113) **power** [páuər] ㉵ **힘, 능력; 생활력**
Knowledge is power. 지식은 곧 힘이다.
He had the power to make the world a better place.
그는 세상을 더 나은 곳으로 만드는 힘을 가지고 있었다.

114) **prize** [praiz] ㉵ **상** · win the first prize **1등상을 타다**
The winner of the contest will win a prize.
대회의 우승자는 상을 받을 것이다.

115) **promise** [prámis] ㉵ **약속** ㉣ **약속하다**
He always keeps his promise. 그는 항상 약속을 잘 지킨다.
I've promised to meet my friends.
친구들과 만나기로 약속했어요.

116) **shoulder** [ʃóuldə:r] ㉵ **어깨, 어깨 관절**
Stand up, and put your legs apart at the shoulder width.
일어나서, 어깨넓이로 다리를 벌리세요.

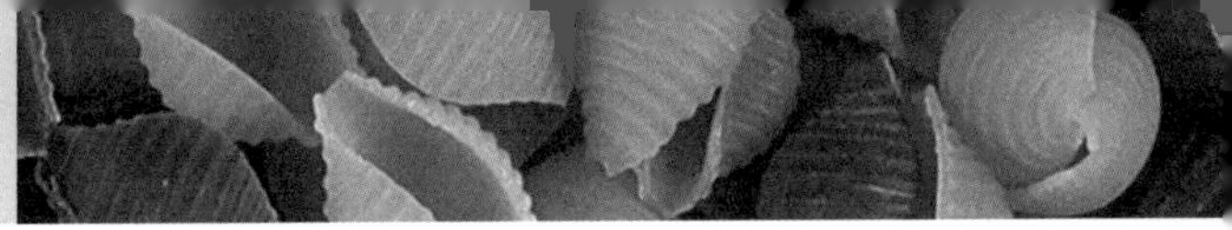

117) **shuttle**★ [ʃʌ́tl] 명 **우주 왕복선(space shuttle)**
There is no shower or bathtub on the shuttle, so astronauts have to take sponge baths.
왕복선에는 어떤 샤워 설비도 욕조도 없어서 우주 비행사들은 스폰지 목욕을 해야 한다.

118) **sight** [sait] 명 **시각, 조망; 봄, 목격**
A boy went out of sight in a sudden.
소년이 갑자기 시야에서 살아졌다.

119) **sign** [sain] 명 **기호, 표시, 부호**
No, don't! The sign says, "Keep off the grass."
안 돼. 표지판에, "잔디에 들어가지 마시오" 라고 써 있잖아.

120) **space**★ [speis] 명 **우주; 공간** · fly in space **우주를 비행하다**
In space, there is no gravity. 우주에는 중력이 없다.
There are no barriers of time and space in cyberspace.
가상 공간에는 시간과 공간의 장벽이 없다.

121) **stomachache**★ [stʌ́məkèik] 명 **위통, 복통**
· suffer from stomachache **위통으로 고생하다**
I started getting a stomachache after lunch.
점심을 먹고나서부터 배가 아프기 시작했습니다.

122) **stress**★ [stres] 명 **압박; 긴장, 스트레스**
· feel stressed out **스트레스를 받다**
My headache is caused by stress.
내 두통은 스트레스 때문이다.

123) **sunshine** [sʌ́nʃàin] 명 **햇빛, 일광; 양지**
· in the sunshine **양지에서**
A frog came out to enjoy the sunshine.
개구리 한 마리가 햇볕을 즐기러 나왔다.

124) **throat*** [θrout] 명 **목구멍, 인후**
I have a cough and a sore throat. 기침이 나고 목이 아프다.

125) **toothache*** [tú:θèik] 명 **치통**
I have a toothache. 치통이 있다.

126) **treasure** [tréʒə:r] 명 **보배, 재보, 보물**
The greedy old man realized that all of the money and treasure were gone.
욕심 많은 노인은 모든 돈과 보물이 사라져버렸다는 것을 깨달았다.

127) **trust** [trʌst] 명 **신뢰, 신용, 신임** 동 belief
Spend time with people that you trust.
네가 믿을 수 있는 사람들과 시간을 보내라.

128) **active** [ǽktiv] 형 **활동적인; 적극적인**
Many voluntary helpers were active in the Olympic Games.
많은 자원 봉사자들이 올림픽 경기에서 활약했다.

129) **alone** [əlóun] 형 **외로운; 혼자서** 동 lone
Do outdoor activities with others, not alone.
혼자가 아닌, 다른 사람들과 실외 활동을 하라.

130) **boring*** [bɔ́:riŋ] 형 **지루한, 따분한**
Some people say that running, swimming, and weight training are boring.
어떤 사람은 달리기, 수영, 역도 등이 따분하다고 한다.

131) **bright** [brait] 형 **밝은**
In spring, the sun is bright in the sky.
봄에는 하늘의 태양이 밝게 빛난다.
The moon is bright tonight. 오늘 밤 달이 밝은데요.

132) **challenging**★ [tʃǽlindʒiŋ] (형) **도전적인; 매력적인**
That appears to be a very challenging assignment.
그것은 아주 보람이 있는 과제 같습니다.

133) **curious**★ [kjúəriəs] (형) **호기심 많은**
Babies are curious about everything around them.
아기들은 그들 주위에 있는 모든 것에 호기심이 있다.

134) **difficult** [dífikʌ̀lt] (형) **곤란한, 어려운** (반) easy
Don't skip over difficult problems.
어려운 문제를 건너뛰지 말아라.

135) **enough** [inʌ́f] (형) **충분한** (부)**충분히**
I get enough sleep every night.
매일 밤 충분한 수면을 취한다.

136) **full** [ful] (형) **가득 찬**
Don't speak with your mouth full.
입에 음식물을 넣은 채로 얘기하지 말아라.

The bus was full and I was standing near the door.
그 버스는 만원이었으며 나는 문 가까이에 서 있었다.

Navigation

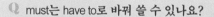

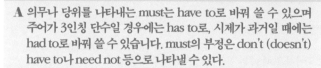

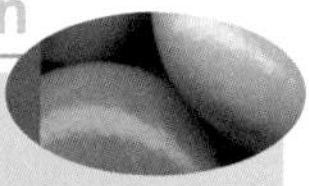

Q must는 have to로 **바꿔 쓸 수 있나요?**

A 의무나 당위를 나타내는 must는 have to로 바꿔 쓸 수 있으며 주어가 3인칭 단수일 경우에는 has to로, 시제가 과거일 때에는 had to로 바꿔 쓸 수 있습니다. must의 부정은 don't (doesn't) have to나 need not 등으로 나타낼 수 있다.

We don't have to do it now. = We need not do it now.
우리는 지금 그것을 할 필요가 없다.

137) **gentle** [ʤéntl] ⓗ **온화한, 상냥한(mild)**
He has a gentle smile and a soft voice.
그는 온화한 웃음과 부드러운 목소리를 지녔다.

138) **global★** [glóubəl] ⓗ **전 세계의**
Global warming is getting serious.
지구 온난화가 심각해지고 있다.

139) **golden** [góuldən] ⓗ **금빛의**
Silence is golden sometimes. 침묵은 때때로 금이다.

140) **healthy** [hélθi] ⓗ **건강한, 건장한, 튼튼한**
The key to healthy weight is regular physical activity.
건강한 체중의 열쇠는 규칙적인 신체 활동이다.

141) **international★** [ìntərnǽʃənəl] ⓗ **국제적인**
UNESCO is an international organization.
유네스코는 국제 기구이다.

142) **lonely** [lóunli] ⓗ **외로운, 고독한, 외톨의** 동 alone
When you feel lonely, what do you do and who do you talk to? 외롭다고 느낄 때, 뭘 하고 누구와 이야기 하니?

143) **pleasant** [pléznt] ⓗ **즐거운, 기분 좋은**
Pleasant walking, and sweet dreams!
즐겁게 걷고 멋진 꿈을 꾸세요!

144) **public** [pʌ́blik] ⓗ **공중의; 공적인**
When I was a child, I used to go to the public library.
어렸을 때 나는 공공도서관에 자주 가곤 했다.
In my opinion, we should think about others in public places.
공공 장소에서는 다른 사람들을 배려해야 한다고 생각한다.

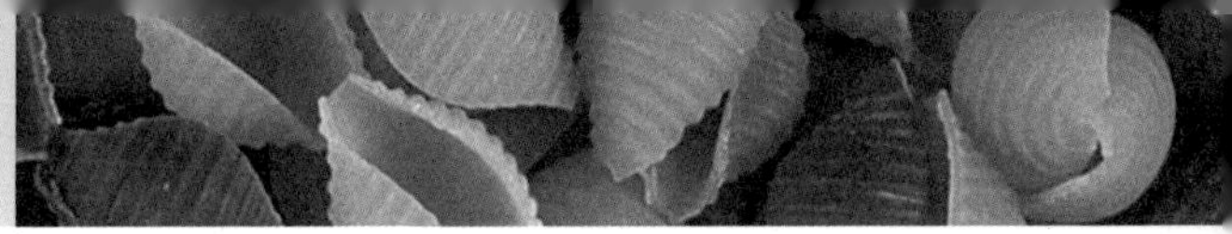

145) **sore**★ [sɔːr] 형 **아픈(painful), 욱신욱신 쑤시는**
I have a runny nose, sore throat and a cough.
콧물이 나고 목도 아프고 기침도 납니다.

146) **stiff**★ [stif] 형 **빳빳한, 딱딱한**
Tires should be cleaned with a stiff brush.
바퀴는 빳빳한 브러쉬를 가지고 닦아야 할 것이다.
To clean: Remove soil with stiff nylon brush.
손질하는 법: 빳빳한 나일론 솔로 흙을 털어 낸다.

147) **thick** [θik] 형 **두꺼운; 굵은**
· a thick slice of bread **두꺼운 빵조각**
Using thick pens, draw a dot of colors in the middle of each circle.
굵은 펜을 사용하여 각각의 원 중앙에 색 점을 하나 그려라.

148) **thin** [θin] 형 **얇은; 가는**
Crum sliced the potatoes very thin.
크럼은 감자를 아주 얇게 썰었다.

149) **unclean**★ [ʌnklíːn] 형 **불결한, 더럽혀진**
I went back to washing the dishes because they were unclean. 접시가 깨끗하지 않아서 나는 다시 접시를 닦았다.

150) **upset** [ʌpsét] 형 **화난** 동 **뒤집어엎다**
I'm very upset. Somebody ate my lunch.
정말 화가 난다. 누군가 내 점심을 먹었다.
The cat has upset its saucer of milk.
고양이가 우유 접시를 뒤엎었다.

151) **wet**★ [wet] 형 **젖은; 비가 내리는**
The forecast says it will be wet and misty tomorrow.
일기예보에 의하면 내일은 다습하고 안개가 낄 것이라고 한다.

05

152) **wild** [waild] (형) **야생의, 거친** (반) **domestic**
We should build many zoos to protect wild animals.
우리는 야생 동물들을 보호할 많은 동물원을 지어야 한다.

153) **worried*** [wə́:rid] (형) **난처한, 딱한, 걱정스러운**
I'm worried about the math exam on Monday.
월요일에 수학 시험이 걱정된다.

154) **become** [bikʌ́m] (동) **~이 되다(become-became-become)**
The older we grow, the weaker our memory becomes.
나이를 먹을수록 그만큼 기억력은 약해진다.

155) **build** [bild] (동) **세우다, 짓다 (build - built - built)**
The Pyramids were very difficult to build, but the whole world can enjoy them.
피라미드들은 건축하기가 매우 어려웠지만 전 세계가 그것들을 즐길 수 있다.

156) **decide** [disáid] (동) **결정하다** (동) **determine**
I can't decide what to write about.
무엇에 대해 써야 할지 결정하지 못했다.

It will take time for him to decide where to go.
그는 어디로 가야 할지 결정하는데 시간이 걸릴 것이다.

157) **feel** [fi:l] (동) **느끼다 (feel - felt - felt)** (명) **느낌, 촉감**
Smiling makes us feel better.
웃음은 우리의 기분이 나아지도록 해 준다.

158) **float** [flout] (동) **뜨다**
Tiny plants float on the water.
작은 식물들은 물 위에 뜬다.

The log floated down the stream. 통나무는 강을 떠내려갔다.

159) **fold** [fould] ⓢ **접다** · fold up a map **지도를 접다**
Fold the picture into two parts along the black line.
검은 선을 따라 그림을 반으로 접어라.

160) **fry** [frai] ⓢ **튀기다 (fry - fried - fried; frying)**
You should fry the doughnuts for 1 or 2 minutes.
1분 내지 2분 동안 도넛을 튀겨야 합니다.

161) **hurt** [həːrt] ⓢ **다치다**
I hurt my foot while playing baseball yesterday.
어제 야구를 하다가 다리를 다쳤다.
Sometimes animals get so sick or hurt that they can't move at all.
가끔은 동물들은 심하게 병이 나거나 다쳐서 전혀 움직일 수가 없을 때도 있다.

162) **move** [muːv] ⓢ **움직이다, 옮기다**
Would you help me? I need to move this desk over there.
나 좀 도와줄래? 이 책상을 저쪽으로 옮겨야 하거든.

Navigation

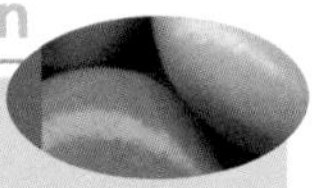

Q either와 too의 **차이점을 알려 주세요.**

A either는 '또한, 역시'의 뜻으로 부정문의 끝에 오고, too도 '또한, 역시'의 뜻이지만 긍정문의 끝에 옵니다.

A: I don't like dogs. 나는 강아지들을 좋아하지 않아.
B: I don't like them, either. 나도 역시 그들을 좋아하지 않는다.
A: I like cats. 나는 고양이들을 좋아해.
B: I like dogs, too. 나도 또한 고양이들을 좋아한다.

163) **pardon*** [pá:rdn] ㉲ **용서하다**
Please, pardon my carelessness.
제 부주의를 용서해 주십시오.

164) **post** [poust] ㉲ **붙이다**
I forgot to post the letter. 편지를 부치는 것을 잊어버렸다.

165) **relax** [rilǽks] ㉲ **긴장을 풀다**
I'm going to relax at home. 집에서 쉴 예정이다.

166) **repeat** [ripí:t] ㉲ **되풀이하다, 반복하다**
What? Could you please repeat that?
뭐라고? 그 말을 다시 한 번 해주겠니?

167) **search*** [sə:rtʃ] ㉲ **(장소를) 찾다; 수색하다**
Polar bears can walk long distances in search of food.
북극곰은 음식을 찾기 위해 먼 거리를 걸을 수 있다.

168) **shoot** [ʃu:t] ㉲ **쏘다** (shoot - shot - shot)
Did he shoot the bird, and killed it?
그가 그 새를 쏘아 죽였니?
I've shot hundreds of birds with that gun.
나는 그 총으로 수백 마리의 새를 쏘아 맞혔다.

169) **spend** [spend] ㉲ **쓰다, 소비하다**
We spend too much time watching TV.
우리는TV를 보는 데 너무 많은 시간을 보내고 있다.

170) **stretch** [stretʃ] ㉲ **뻗치다, 늘이다**
Stretch your arms upward, over your head.
두 팔을 머리 위 쪽으로 쭉 펴세요.
Today I'm going to show you how to stretch your body.
오늘은 몸을 스트레칭 하는 방법을 보여줄 겁니다.

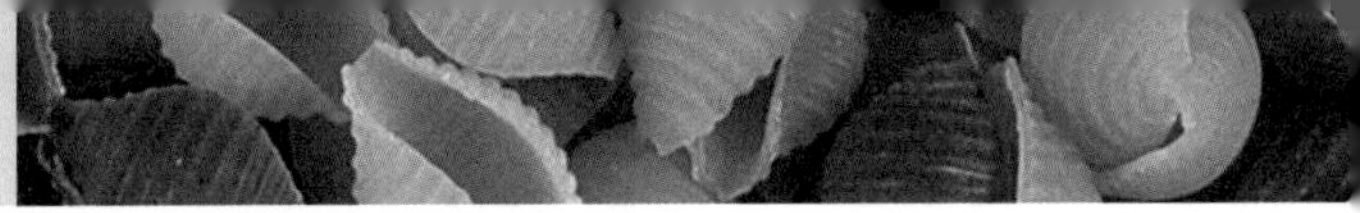

171) **suggest** [səgdʒést] ⓢ **암시하다, 제안하다**
He suggested a hike, and we agreed that.
그는 도보 여행을 제안했고, 우리는 동의했다.

172) **travel** [trǽvəl] ⓢ **여행하다**
Do you think we can travel around the world by bicycle?
우리가 자전거로 세계 일주를 할 수 있다고 생각하니?

173) **waste** [weist] ⓢ **헛되이 하다, 낭비하다**
Don't waste time in idle talk.
쓸데없는 잡담으로 시간을 낭비하지 말아라.
I think I must not waste my first year in middle school.
나의 중학교에서의 첫번째 해를 낭비해서는 안 된다고 생각한다.

174) **should** [ʃud] ⓩ **~하여야 한다**
The signs tell us, "we should do." or "we shouldn't do."
표지판들은 "우리가 해야 하는 일" 또는 "우리가 해서는 안 되는 일"을 보여준다.

175) **regularly*** [régjələːrli] ⓑ **일정하게, 규칙적으로**
Some parts of the world suffer regularly from famine.
세계의 일부 지역은 정기적으로 기근을 겪는다.

176) **seldom*** [séldəm] ⓑ **드물게, 좀처럼 ~않는**
He seldom complains.
그는 좀처럼 불평하지 않는다.

177) **then** [ðen] ⓑⓙ **그 다음에, 그래서, 이번에는, 그때**
Discuss with your friends, and then report to your classmates.
친구들과 토론한 후, 반 친구들에게 발표해 보세요.
Then the wind began to blow. 그 때 바람이 불기 시작했다.

178) **as** [æz] ㉠ **~으로, ~처럼**
On Halloween, which is October 31, American children dress up as ghosts and monsters.
할로윈은 10월 31일인데, 미국 어린이들은 이 날 유령이나 괴물처럼 치장한다.

179) **beyond** [bijánd] ㉠ **~너머**
The post office is beyond the bridge.
우체국은 다리 너머에 있다.

180) **during** [djúəriŋ] ㉠ **~동안(내내), ~사이에**
He had to work during the daytime and study at night.
그는 낮 동안에 일을 하고 밤에는 공부를 해야만 했다.

181) **at least 적어도**
It takes at least 20 minutes to get there by bus.
버스로 거기에 가려면 최소한 20분은 걸린다.

182) **be gone 사라지다**
I went out to my car at eight this morning and it was gone.
오늘 아침 8시에 차로 나왔는데 차가 없었다.

183) **come true 실현되다, 이루어지다**
I believe traveling to space will come true within the end of this century.
금세기가 끝나기 전에 우주를 여행하는 것이 실현될 거라고 믿는다.

184) **eat out 외식하다**
Do you want to eat out with me? 나와 함께 외식할래?

185) **feel better 기분이 좋아지다**
The dentist? Oh, no, Mom. I feel better now.
치과요? 아, 아니에요, 엄마. 이제 좀 나았어요.

186) **get better** (건강 병세가) 나아지다
I hope you'll get better soon. 곧 회복하시기를 바랍니다.

187) **have problems with** 문제가 있다
I have a problem with my schedule this weekend.
이번 주 나의 스케줄에 문제가 있다.

188) **have to ~** ~해야 한다
You just have to be smart about the amount you eat and when you have some foods.
너는 음식을 먹을때는 반드시 네가 먹는 음식의 양에 대해서 현명해져야만 한다.

189) **instead of** ~대신에
When you are tired, take a hot bath instead of taking a shower. 피곤할 때, 샤워를 하는 대신에 뜨거운 목욕을 하자.

190) **learn about ~** ~에 대해 배우다
I like to learn about the sun and the moon.
태양과 달에 대해 배우고 싶다.

191) **take good care of** ~을 잘 돌보다
The people of Australia take good care of koalas.
호주인들은 코알라를 잘 돌본다.

192) **work out** 운동하다
How often can you work out?
얼마나 자주 운동을 할 수 있니?

Try something fun!
재미있는 일을 해라!

triangle [tráiæ̀ŋgəl] 삼각형

square [skwɛəːr] 정사각형

parallelogram [pæ̀rəléləgræ̀m] 평행 사변형

broken heart 아픈 마음

daily habit 매일의 습관

treasure hunt 보물찾기

school nurse 보건 선생님

text message 문자 메시지

a lot of★ 많은(many, much)

at night 밤에

in good shape 건강한 모습

in line★ 한 줄로, 줄을 서서

in your free time 여가 시간에

in the end★ 결국

until late★ 늦게까지

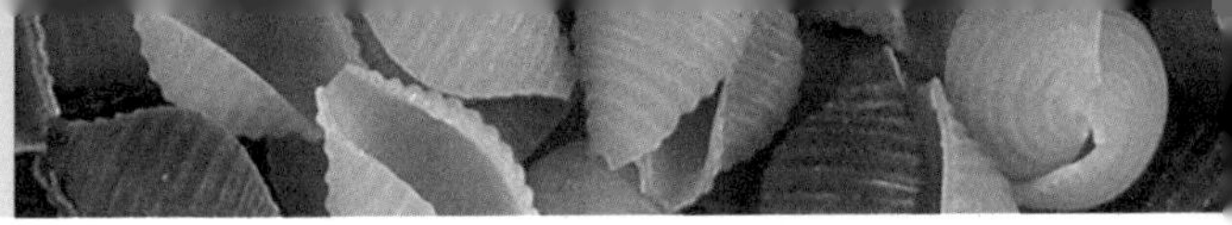

Communication Function

You like to watch movies, don't you?
너는 영화 보는 걸 좋아하지, 그렇지?

Miran is very beautiful, isn't she?
미란이는 아주 아름다워, 그렇지 않니?

1) 부가 의문문은 상대방에게 어떤 사실의 동의를 구하거나 확인을 하는 의문문으로 문장의 맨 뒤에 덧붙인다.
You do like me, don't you?
너는 나를 좋아하지, 그렇지 않니?

2) 앞 문장이 긍정이면 부정으로, 부정이면 긍정으로 부가의문문을 만든다. 문장에 be동사가 있으면, 부가의문문에서 'be동사 + 주어?'의 어순을 취하며, 주어는 대명사를 사용하는 것이 원칙이다. 다만, 유도부사 'there'가 주어로 사용된 경우 부가의문문에서도 'there'를 주어로 그대로 사용한다.

Try It Again

다음 빈 칸에 알맞은 부가의문문을 쓰세요.

1. You are not going out today, ____________?
2. It is a fine day, ____________?
3. There isn't any tree in your garden, ____________?
4. You are tired, ____________?
5. You can't lend me some money, ____________?

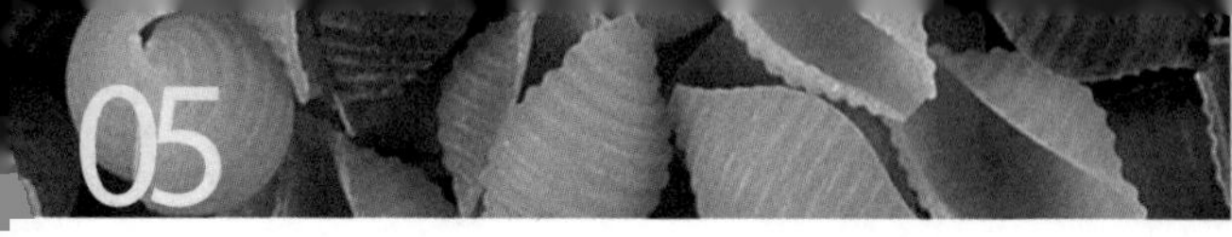

air [ɛər] 명 공기

band [bænd] 명 악단

butterfly [bʌ́tərflài] 명 나비

exercise [éksərsàiz] 명 운동

garden [gɑ́ːrdn] 명 뜰, 정원

holiday [hɑ́lədèi] 명 휴일

key [kiː] 명 열쇠

paper [péipər] 명 종이

piece* [piːs] 명 조각, 단편

ballerina [bæ̀ləríːnə] 명 발레리나

bedtime* [bédtàim] 명 취침 시간

designer [dizáinər] 명 디자이너

field [fiːld] 명 들판, 벌판

heart* [hɑːrt] 명 심장, 마음

interview [íntərvjùː] 명 인터뷰

month* [mʌnθ] 명 월

past* [pæst] 명 과거

puzzle [pʌ́zl] 명 수수께끼, 퍼즐

science [sáiəns] 명 과학

shape [ʃeip] 명 모양, 외형

silver [sílvər] 명 은

tangram [tǽŋgræm] 명 지혜의 판

test [test] 명 시험

title* [táitl] 명 제목

black [blæk] 형 검은색의

cool [kuːl] 형 멋진, 시원한

hot [hɑt] 형 뜨거운

cut [kʌt] 동 자르다

scissors* [sízərz] 명 가위

shot* [ʃat] 명 발포, 발사, 총성

spoon [spuːn] 명 숟가락

tear [tiər] 명 눈물

thing [θiŋ] 명 물건, 물체; 일

mine [main] 대 나의 것

nothing* [nʌ́θiŋ] 대 아무것도 아님

which [hwitʃ] 대 어느 쪽의

sunny [sʌ́ni] 형 양지바른

warm [wɔːrm] 형 따뜻한; 더운

100 중1에게 주고 싶은

hunt [hʌnt] (동) 사냥하다

sit [sit] (동) 앉다 (sit - sat★ - sat)

already★ [ɔːlrédi] (부) 이미, 벌써

around★ [əráund] (부)(전)주위에

never [névəːr] (부) 결코 ~하지 않다

soon [suːn] (부) 곧

along★ [əlɔ́ːŋ] (전) ~을 따라

because★ [bikɔ́ːz] (접)~ 때문에

again [əgén] (부) 다시

almost [ɔ́ːlmoust] (부) 거의

often★ [ɔ́ftən] (부) 종종, 가끔

once [wʌns] (부) 한 번

twice★ [twais] (부) 2회; 두 번

usually★ [júːʒuəli] (부) 보통

into [íntu] (전) ~안으로

Try It Again 쪽지 시험

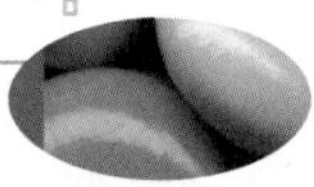

A 다음 주어진 단어의 뜻을 쓰시오.

astronaut ________ content ________ pollution ________

boring ________ curious ________ decide ________

B 우리말을 주어진 철자로 시작는 단어를 쓰시오.

쓰레기 - g________ 약 - M________

1. 다음 두 단어의 관계가 나머지 넷과 다른 것은?

① trust-belief ② difficult-easy
③ lonely-alone ④ alone-lone
⑤ decide-determine

2. 다음 중 단수형과 복수형이 잘못 연결된 것은?

① leaf-leaves ② chief-chieves
③ half-halves ④ life-lives
⑤ knife-knives

3. 다음 중 우리말과 영어가 같은 뜻으로 연결되지 않은 것은?

① triangle-삼각형 ② fry-날다, 도망치다
③ square-정사각형 ④ seldom-드물게
⑤ regularly-일정하게

4. 다음 빈칸에 들어갈 알맞은 것을 고르시오.

Fifteen minutes a day is ________ to make the world a better place.

① boring ② active
③ enough ④ curious
⑤ challenging

[5-6] 다음 우리말과 일치하도록 빈 칸에 알맞은 말을 쓰시오.

5. 버스로 거길 가려면 최소한 20분은 걸리는데요.
It takes __________ 20 minutes to get there by bus.

6. 금세기가 끝나기 전에 우주를 여행하는 것이 실현될 거라고 믿는다.
I believe traveling to space will __________ within the end of this century.

7. 다음 설명에 해당하는 단어는?

the amount of space between two people or things

① medicine ② pollution ③ content
④ distance ⑤ treasure

8. 다음 빈칸에 들어갈 알맞은 것을 고르시오.

Once upon a time there lived a very skinny pig. The other animals in the barnmade fun of how skinny he was. "You don't look like a pig! You're so skinny you look like the wind can blow you away!" The skinny pig was sad and __________. No one would play with him because he looked different from the other pigs.

① bright ② sight ③ lonely
④ gentle ⑤ pleasant

193) **cousin** [kʌ́zn] ⓜ **사촌**
At the airport, I will meet my cousin coming from New York. 공항에서, 뉴욕에서 오는 사촌을 만날 것이다.

194) **diaper**★ [dáiəpər] ⓜ **기저귀**
We need to buy diapers. 기저귀 사야 돼요.
Excuse me, but could you help me find some diapers?
저기요, 기저귀가 어디에 있나요?

195) **dining** [dáiniŋ] ⓜ **식사**
As the meal seems to be all ready, let's go along to the dining room. 식사 준비가 다 된 모양입니다, 식당으로 가십시다.

196) **etiquette**★ [étikèt] ⓜ **에티켓, 예절, 예법**
Dances have their own etiquette.
춤에는 지켜야 할 예절이 있다.

197) **eyesight**★ [aisàit] ⓜ **시력, 시각**
Spectacles correct faulty eyesight.
안경은 잘못된 시력을 교정해 준다.

198) **host** [houst] ⓜ **주인** [cf.] guest
· the host country **주최국**
If you are polite to the host, you will always be invited.
초대자에게 예의를 갖춘다면, 당신은 늘 초대받을 것이다.

199) **leak**★ [li:k] ⓜ **샘; 새는 곳, 누출 구**
The first sign of a gas leak is the smell.
가스 누출의 첫째 신호는 냄새이다.
A gas leak is dangerous because it is poisonous and it can explode.
가스 누출은 독성이 있고, 폭발할 수 있기 때문에 위험하다.

200) **message** [mésidʒ] ⓜ **메시지**

Please call me as soon as possible or leave a message.

가능한 한 빨리 나에게 전화를 주던지 메시지를 남겨 주세요.

201) **mistake*** [mistéik] ⓜ **잘못, 틀림** 동 **error**

Don't repeat the same mistakes.

똑같은 실수를 반복하지 말아라.

I realized I made a mistake in dialing.

나는 실수로 번호를 잘못 눌렀다는 것을 알았다.

202) **noodle** [nú:dl] ⓜ **국수, 면**

Noodles were first made in China.

국수는 중국에서 제일 먼저 만들어졌다.

203) **palace** [pǽlis] ⓜ **성, 궁전**

At half past eleven in the morning, the soldiers at Buckingham Palace "change the guard".

오전 11시 30분에 버킹검 궁전에서 병사들은 "근위병을 교대" 한다.

Navigation

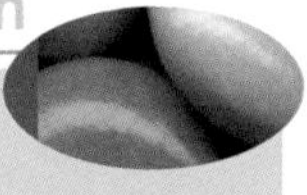

Q one of + **복수명사에서 동사의 수는 어떻게 쓰나요?**

A one of + **복수명사는 "~중의 하나"란 뜻이고 이 때 동사는 단수형을 사용해요. 꼭 기억해 두세요.**

Soccer is one of the most popular sports.

축구는 가장 인기 있는 운동 중 하나이다.

You are one of the smartest students in our school.

너는 우리 학교에서 가장 똑똑한 학생들 중의 한 명이다.

204) **passport**★ [pǽspɔ̀ːrt] ㊔ **여권**
You should be prepared in case you lose your passport.
여권을 잃어버렸을 경우를 대비해야 한다.

205) **pill**★ [pil] ㊔ **알약**
When should I take these pills?
언제 이 알약을 복용해야 하는지 알려주시겠어요?

206) **pole** [poul] ㊔ **막대기, 장대, 기둥**
The morning glory winds around a bamboo pole.
나팔꽃이 대나무 장대에 친친 감겨 있다.

207) **plate** [pleit] ㊔ **접시(dish)**
· dinner at three dollars a plate **1인분 3달러의 식사**
The plate fell on the floor in small pieces.
접시가 마룻바닥에 떨어져 산산조각 났다.

208) **pot** [pɔt] ㊔ **원통형의 그릇, 단지; 화분**
A little pot is soon hot. 작은 그릇은 쉬이 단다.
They planted beans in four pots.
그들은 네 개의 화분에 콩을 심었다.

209) **saying**★ [séiiŋ] ㊔ **속담, 격언**
A saying goes that time is money.
시간은 금이라는 격언이 있다.

210) **seed**★ [siːd] ㊔ **씨, 종자, 열매**
He looked at the seeds under a microscope.
그는 현미경으로 그 씨앗을 관찰했다.

211) **signal** [sígnəl] ㊔ **신호, 군호** · a traffic signal **교통 신호**
Don't start yet. Wait for the signal.
아직 출발하지 말아라. 신호를 기다려야지.

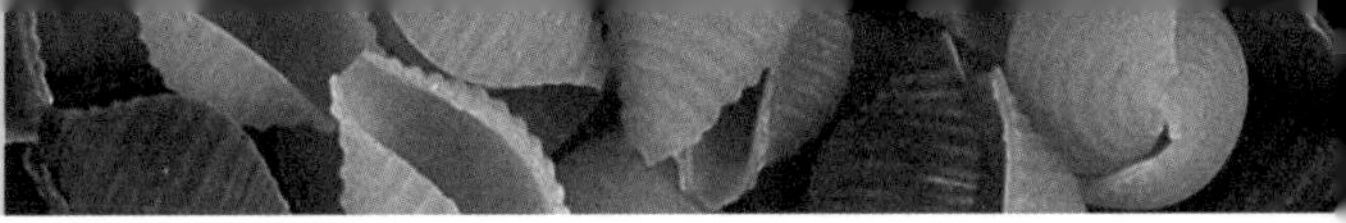

212) **statue** [stǽtʃuː] ⓜ **동상**
The Statue of Liberty is 46 meters high and the tallest statue ever made.
자유의 여신상은 높이가 46미터로, 이제까지 만들어진 동상들 중 가장 높다.

213) **stick** [stik] ⓜ **막대기**
He grabbed a stick just in case the dog attacked him.
그는 개가 자기를 공격할 경우를 대비하여 막대기를 손에 쥐었다.

214) **stream*** [striːm] ⓜ **시내, 개울**
A stream flows through the wood.
숲 속으로 시냇물이 흐르고 있다.

215) **string** [striŋ] ⓜ **끈, 줄, 실**
The package is tied with a red string.
그 소포는 빨간 끈으로 묶여 있다.
He shortened the string. 그는 줄을 짧게 했다.

216) **style** [stail] ⓜ **문체; 방법, 스타일**
Houses of today come in a wide variety of styles.
오늘날의 집들은 다양한 스타일을 갖추고 있다.

217) **teen** [tiːn] ⓜ **십대**
A typical teen drinks twice as much soda as milk.
일반적인 청소년은 우유의 두 배 정도의 소다음료를 마신다.

218) **tooth** [tuːθ] ⓜ **치아** (복) teeth
Oh, did you have a decayed, tooth?
오, 충치가 하나 있었어요?
I brush my teeth three times a day.
나는 하루에 세 번 이를 닦는다.

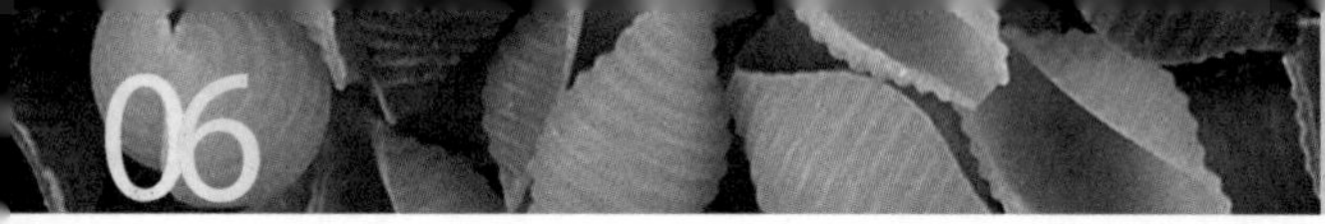

219) **tower** [táuər] 명 탑
The Taj Mahal are four thin towers at each corner.
타지 마할 각 코너에는 네 개의 가느다란 탑이 세워져 있다.

220) **vegetable** [védʒətəbəl] 명 야채
Which do you like better, meat or vegetables?
고기와 야채 중에서 어떤 것을 더 좋아하니?

221) **worry** [wə́:ri] 명 걱정, 고민 동 anxiety
Why do you worry so much?
왜 그렇게 걱정을 하니?

222) **ancient** [éinʃənt] 형 옛날의, 고대의
The ancient Egyptians had nothing like today's machines.
고대 이집트인들은 오늘날의 기계 같은 것은 없었다.

223) **dangerous** [déindʒərəs] 형 위험한, 위태로운
The tiger is more dangerous than the fox.
호랑이는 여우보다 더 위험하다.

224) **dry** [drai] 형 마른, 건조한 반 wet
The dry weather will continue right through the weekend.
건조한 날씨가 주말 내내 계속 되겠습니다.

225) **extra** [ékstrə] 형 여분의, 임시의
You might need an extra set of warm clothes.
여분의 따뜻한 옷들이 필요할지도 모른다.

226) **fair** [fɛər] 형 공평한, 공정한, 올바른 반 foul
· a fair decision 정당한 결정
We won the game by fair means.
우리는 공정한 수단으로 게임에 이겼다.

227) **huge** [hjuːʤ] ㊎ **거대한, 막대한**
An elephant is a huge animal.
코끼리는 거대한 동물이다.

228) **modern** [mádəːrn] ㊎ **현대의, 근대의**
Modern technology makes our living much more convenient.
현대 과학 기술은 우리 생활을 훨씬 더 편리하게 만들고 있다.

229) **outside** [áutsáid] ㊎ **바깥쪽의**
How's the weather outside? 밖에 날씨는 어때?

230) **patient** [péiʃənt] ㊎ **인내심이 강한** ㊔ **병자, 환자**
Be patient for a while. 잠시만 참아라.
A patient is a person who receives medical treatment from a doctor.
환자는 의사에게 치료를 받는 사람이다.

231) **runny** [rʌ́ni] ㊎ **콧물이 흐르는**
I have a headache and a runny nose.
머리가 아프고 콧물이 나요.

Navigation

Q more, most를 붙일 수 있는 낱말을 알려 주세요.

A 2음절어의 일부와 3음절 이상의 형용사나 부사는 more, most를 붙여 비교급과 최상급을 만듭니다.

beautiful - more beautiful - most beautiful
famous - more famous - most famous
interesting - more interesting - most interesting
slowly - more slowly - most slowly

232) **shy** [ʃai] ⓗ **소심한, 부끄럼타는, 수줍어하는**
I'd like to talk with him, but I'm too shy.
그와 이야기 하고 싶지만 너무 부끄럽다.

233) **skinny*** [skíni] ⓗ **바싹 여윈; 가죽 모양의**
· a skinny child **빼빼 마른 아이**
He is tall and skinny. 그는 키가 크고 바짝 말랐다.

234) **smart** [smɑːrt] ⓗ **빈틈없는, 약삭빠른, 재치 있는**
Mary is not only beautiful, but also smart.
메리는 아름다울 뿐만 아니라 또한 재치도 있다.

235) **whole** [houl] ⓗ **전부의, 모든** 동 **entire**
The whole town is in a festive mood.
도시 전체가 축제 분위기이다.

236) **wise** [waiz] ⓗ **지혜로운, 현명한**
I'm sure you're wise to wait a few days.
네가 며칠을 기다릴 수 있을 만큼 현명하리라 확신한다.

237) **young** [jʌŋ] ⓗ **젊은** 반 **old**
The campaign had made quite an impact on young people.
그 운동은 젊은이들에게 꽤 영향을 주었다.

238) **believe** [bilíːv] ⓢ **믿다**
People believe what they want to believe.
사람들은 자신이 믿고 싶은 것을 믿는다.

239) **borrow** [bárou] ⓢ **빌리다**
I'm taking my American friend out to dinner. Could I borrow your black shirt? 미국 친구와 저녁 식사를 함께 하려고 하는데 너의 검은색 셔츠를 빌려 줄 수 있겠니?

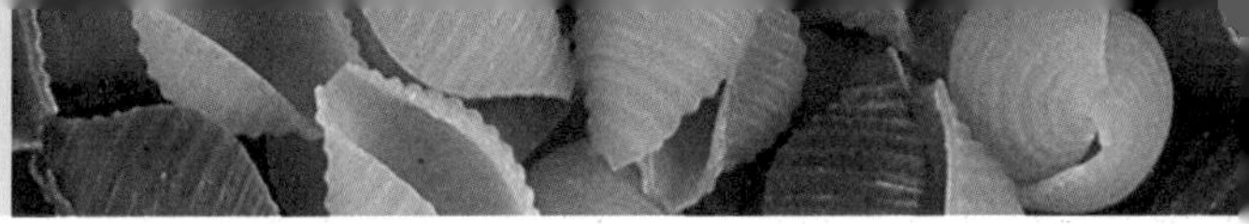

240) **break** [breik] ⓢ **깨뜨리다, 부수다(break - broke - broken)**
I'm sorry that I broke the window.
창문을 깨뜨려서 죄송합니다.

241) **brush** [brʌʃ] ⓢ **닦다, 빗다**
You should brush your teeth before going to bed.
너는 잠자기 전에 이를 닦아야 한다.

242) **carry** [kǽri] ⓢ **운반하다(carry - carried-carried; carrying)**
Let me help you carry your bag.
가방 드는 것을 제가 도와 드릴게요.

243) **clean** [kliːn] ⓢ **청소하다**
I clean up my room every Sunday.
일요일마다 내 방을 청소한다.
A boy and a girl are volunteering to clean the park.
한 소년과 한 소녀가 공원을 청소하는 자원 봉사 활동을 하고 있다.

244) **cover** [kʌ́vər] ⓢ **덮다**
The dress of some Muslim women cover their bodies entirely. 일부 무슬림 여성들의 옷은 그들의 몸 전체를 덮는다.

245) **decorate**★ [dékərèit] ⓢ **꾸미다, 장식하다**
Parents prepare special food and decorate their houses.
부모들은 특별한 음식을 준비하고 집을 장식한다.

246) **exhibit**★ [igzíbit] ⓢ **출품하다** ⓜ**전시회, 박람회**
I have an exhibit at the science fair.
나는 과학 박람회에 출품했다.

247) **hang** [hæŋ] ⓢ **매달다, 걸다 (hang - hung - hung)**
I hung a picture upside down on the wall.
나는 벽에 그림을 거꾸로 매달아 놓았다.

248) **happen** [hǽpən] ㉣ **일어나다, 생기다**
When did the traffic accident happen?
그 교통사고는 언제 일어난 거죠?

249) **hit** [hit] ㉣ **때리다, 치다 (hit - hit - hit; hitting)**
One day a truck hit a pedestrian on the street.
어느 날 트럭이 길을 가던 보행자를 치었다.

250) **hold** [hould] ㉣ **쥐다; 개최하다 (hold - held - held)**
In Ancient Greece, the Olympic Games were held every four years.
고대 그리스 때, 올림픽 경기가 4년마다 개최되었다.

251) **lead** [li:d] ㉣ **이끌다, 인도하다 (lead - led - led)**
A dog led the blind man.
한 마리 개가 그 눈먼 사람을 인도했다.

252) **manage*** [mǽnidʒ] ㉣ **다루다(handle); 처리하다**
I can manage it by myself. 혼자 할 수 있어요.
A teacher must know how to manage children.
교사는 아이들을 다스리는 법을 알아야 한다.

253) **march** [mɑ:rtʃ] ㉣ **행진하다**
The soldiers marched down the street in great state.
병사들은 거리를 위풍당당하게 행진했다.

254) **pass** [pæs] ㉣ **지나다, 통과하다; 건네주다**
Can you pass me the litter bin?
쓰레기통을 건네 줄 수 있겠니?

255) **return** [ritə́:rn] ㉣ **돌아오다**
We must go now, but we will return next year on this date.
이제 가야 합니다. 하지만 내년 이날 다시 돌아오겠습니다.

256) **review** [rivjúː] ⓢ **복습하다**
I haven't studied enough. I have to review all this.
공부를 충분히 하지 않았어요. 이걸 모두 다시 봐야 되요.

257) **share** [ʃɛəːr] ⓢ **분배하다; 공유하다, 함께 하다**
I share a bedroom with my brother.
나는 침실을 동생과 같이 쓴다.
I brought some cookies to share with you.
나는 너와 함께 먹을 쿠키를 가져왔다.

258) **tie** [tai] ⓢ **묶다 (tie - tied - tied; tying)**
Blow up a balloon and tie it. 풍선을 불고 묶으세요.

259) **everywhere** [évriːhwɛ̀ər] ⓟ **어디에나, 도처에**
There was a lot of trash everywhere.
여기 저기에 쓰레기가 많았다.

260) **honestly*** [ánistli] ⓟ **정직하게, 거짓 없이**
He answered all of the reporter's questions honestly.
그는 기자의 모든 질문에 정직하게 대답하였다.

261) **than** [ðæn] ⓙ **~보다**
The students like basketball better than the other sports.
학생들은 다른 운동보다 농구를 더 좋아한다.

262) **be like ~** **~ 와 같다**
Ketchup is like Korean gochujang.
케첩은 한국의 고추장과 비슷하다.

263) **go on** **계속하다**
He went on an expedition to the South Pole.
그는 남극 탐험을 계속했다.

Fruit or a fruit is something which grows on a tree or bush and which contains seeds or a stone covered by a substance that you can eat. *substance [sʌ́bstəns] 물질

beach: an area of sand or small stones at the edge of the sea or a lake

desert: an area of water apparently devoid of life; an area with plants and little water *devoid [divɔ́id] ~이 전혀 없는

habit: something that you do regularly or usually, often without thinking

origin: the beginning of something; rise, beginning, derivation from a source *derivation [dèrəvéiʃən] 유래, 기원(origin)

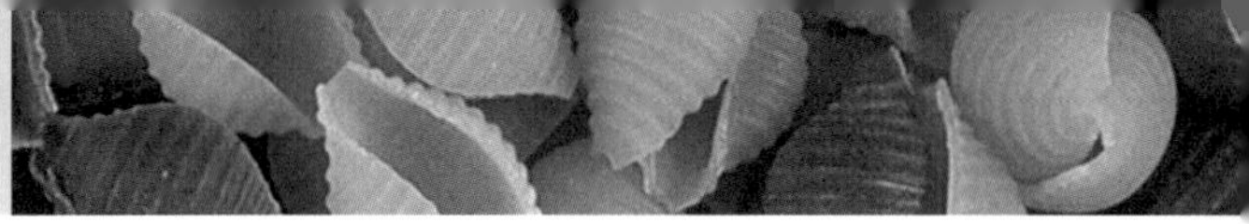

Communication Function

My father is older than my mom.
나의 아버지는 어머니보다 나이가 더 많으시다.

His bag is heavier than your bag.
그의 가방이 너의 가방보다 더 무겁다.

1) "~보다 더 한"이란 뜻의 비교 구문은 「비교급 + than」의 형태로 쓴다. 일반적으로 형용사와 부사의 원급에 -er를 붙여 비교급을 만든다.

2) 원급의 어미가 -e로 끝나는 것은 -r를 붙인다.
단모음 + 단자음으로 끝나는 것은 마지막 자음을 하나 더 쓰고 -er를 붙인다. (thin - thinner - thinnest/ hot - hotter - hottest)
자음 + y로 끝나는 것은 y를 i로 바꾸고 -er를 붙인다.

Try It Again

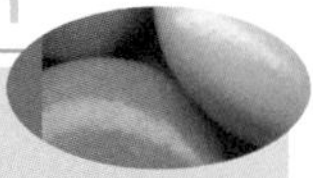

다음 빈 칸에 알맞은 말을 쓰시오.

1. Soccer is ________ interesting ________ baseball.
2. The tiger is ________ dangerous ________ the fox.
3. The blue pencil is ________ than the black pencil.
4. Nothing is more ________ than health.
5. A tiger is ________ than a cat, but it's smaller than a bear.

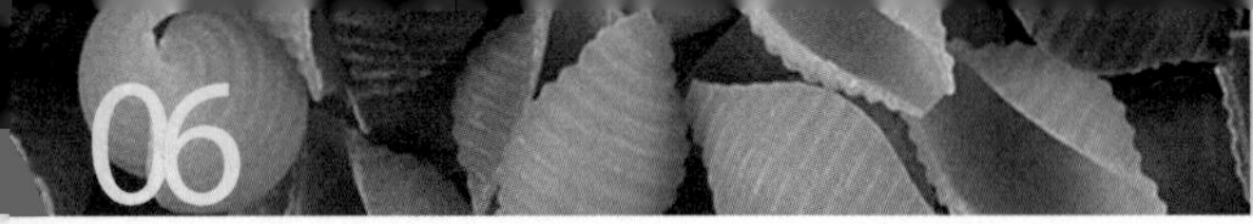

balloon [bəlúːn] 명 풍선

culture* [kʌ́ltʃər] 명 문화

end [end] 명 끝

flower [fláuər] 명 꽃

glue* [gluː] 명 접착제, 풀

heart [hɑːrt] 명 심장, 마음

hole [houl] 명 구멍; 틈

ice [ais] 명 얼음

light [lait] 명 빛, 광선

bathroom* [bǽθrùm] 명 욕실

east [iːst] 명 동쪽

exam [igzǽm] 명 시험

fork [fɔːrk] 명 (식탁용의) 포크

guard* [gɑːrd] 명 경호원

hiking [háikiŋ] 명 하이킹

hour [áuər] 명 한 시간

leader* [líːdər] 명 지도자

matter* [mǽtər] 명 문제

meter [míːtər] 명 미터

o'clock [əklák] 명 ~시

rain [rein] 명 비

score* [skɔːr] 명 득점

ship [ʃip] 명 배

stone [stoun] 명 돌

toaster [tóustər] 명 토스트

another [ənʌ́ðər] 형 또 하나의

favorite* [féivərit] 형 좋아하는

left [left] 형 왼쪽의, 왼편의

minute [mínit] 명 분

oven [ʌ́vən] 명 솥, 오븐

rice* [rais] 명 쌀; 밥; 벼

season* [síːzən] 명 계절

soccer [sákər] 명 축구

swimming [swímiŋ] 명 수영

cute [kjuːt] 형 귀여운

high-rise [hairáiz] 형 고층의

large* [lɑːrdʒ] 형 큰, 넓은

other [ʌ́ðər] 형 다른

poor* [puər] 형 가난한

popular* [pápjələr] 형 민중의

count [kaunt] 동 세다

float* [flout] 동 뜨다

still [stil] 부 여전히, 아직

Middle East 중동

once upon a time 옛날 옛적

on the way back 돌아오는 길에

try again later* 나중에 다시 시도하다

real* [ríəl] 형 진실의, 진짜의

bring* [briŋ] 동 가져오다

crack [kræk] 동 찰싹 소리내다

visit [vízit] 동 방문하다

fly [flai] 동 날다 (fly - flew* - flown)

for a long time* 오랫동안

Try It Again 쪽지 시험

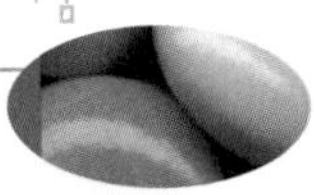

A 다음 주어진 단어의 뜻을 쓰시오.

eyesight _____ exhibit _____ pill _____
mistake _____ statue _____ seed _____

B 우리말을 주어진 철자로 시작는 단어를 쓰시오.

위험한 - d_____ 환자 - p_____

1. 다음 두 단어의 관계가 나머지 넷과 다른 것은?

① dry-wet
② whole-entire
③ wise-stupid
④ wild-domestic
⑤ dangerous-safe

2. 다음 중 원급과 비교급이 잘못 연결된 것은?

① big-bigger
② happy-happier
③ famous-famouser
④ useful-more useful
⑤ beautiful-more beautiful

3. 다음 중 우리말과 영어가 같은 뜻으로 연결되지 않은 것은?

① leak-샘, 누출구
② eyesight-시력
③ share-해변
④ decorate-장식하다
⑤ signal-신호

4. 다음 빈칸에 들어갈 알맞은 것을 고르시오.

Burning rocks fell on the city of Pompeii, and a huge cloud of volcanic gas and ash __________ the city.

① hit
② tied
③ led
④ covered
⑤ hung

[5-6] 다음 우리말과 일치하도록 빈 칸에 알맞은 말을 쓰시오.

5. 그녀의 주소를 적어 놔라, 그렇지 않으면 잊어버릴 것이다.
Write her address down, otherwise you'll ________ it.

6. 메시지를 남겨주시면 다시 전화드리겠습니다.
Please leave a message, and I'll ________ your call.

7. 다음 설명에 해당하는 단어는?

to give and receive something of the same type

① seed ② statue ③ passport
④ ancient ⑤ exchange

8. 다음 빈칸에 들어갈 알맞은 것을 고르시오.

One night, the skinny pig saw smoke coming out of the roof of the hen house. He heard the hens yelling "Save us from the fire!" The other animals couldn't get into the hen house because they were too fat. The skinny pig ________ to help the hens. He rushed inside and saved them all. From that day on, the animals became friends with their here, the skinny pig.

① broke ② decided ③ borrow
④ carried ⑤ exhibit

Cartoon

만화보고 단어 외우고

"How many words can you process in a minute?"

process [práses] 처리하다; (조사) 분류하다

in a minute 금세, 곧

2 학기 핵심 단어 숙어 예습

custom [kʌ́stəm] 명 관습, 풍습

difference [dífərəns] 명 다름, 차, 상위

talent [tǽlənt] 명 재주, 재능 동 gift

present [prézənt] 명 선물

rent★ [rent] 명 지대, 집세 동 빌리다; 임대하다

result [rizʌ́lt] 명 결과, 결말

sight [sait] 명 시각; 조망, 광경; 풍경, 경치

vehicle★ [víːikəl] 명 운송 수단; 차

ancient [éinʃənt] 형 옛날의, 고대의

clear [kliər] 형 맑은, 이해된; 분명한

clever [klévər] 형 똑똑한, 영리한(bright) 반 stupid

difficult [dífikʌlt] 형 곤란한, 어려운 반 easy

electric [iléktrik] 형 전기의; 발전하는

enough [inʌ́f] 형 충분한; ~하기에 족한 부 충분히

expensive [ikspénsiv] 형 값비싼 반 cheap

healthy [hélθi] 형 건강한, 건장한, 튼튼한 동 fit

huge [hjuːʤ] 혱 거대한; 막대한 윤 enormous

impossible★ [impásəbəl] 혱 불가능한, ~할 수 없는

lonely [lóunli] 혱 외로운, 고독한 윤 alone

main★ [mein] 혱 주요한, 주된(principal) 윤 chief

positive [pázətiv] 혱 확신하는, 긍정적인 빤 negative

wide [waid] 혱 폭넓은; 넓은 빤 narrow

sore★ [sɔːr] 혱 아픈(painful)

successful★ [səksésfəl] 혱 성공한, 좋은 결과의

Many a little makes a mickle.

connect★ [kənékt] 동 연결하다 윤 join

guess [ges] 동 추측하다

surprise [sərpráiz] 동 (깜짝) 놀라게 하다 명 놀람, 경악

finally [fáinəli] 분 마침내; 결국(ultimately)

by the way 그런데

in the middle of ~중간에

believe in ~의 존재를 믿다; 신뢰하다

look like ...처럼 보이다

conversation [kànvərséiʃən] 명 회화, 대화

culture [kʌ́ltʃər] 명 문화

danger [déindʒər] 명 위험

drug [drʌg] 명 약, 약품; 마약(narcotic)

event* [ivént] 명 사건; 행사

freedom* [fríːdəm] 명 자유

garbage* [gáːrbidʒ] 명 쓰레기 동 trash, waste

height* [hait] 명 높이, 키

leaf [liːf] 명 잎, 나뭇잎, 풀잎; (복) leaves

medium* [míːdiəm] 명 중간; 매체

noise [nɔiz] 명 소음, 시끄러운 소리

shadow* [ʃǽdou] 명 그림자; 그늘 동 shade

stair* [stɛəːr] 명 계단

street [striːt] 명 거리 동 road

trip [trip] 명 여행 동 journey

worm [wəːrm] 명 벌레

amazing★ [əméiziŋ] (형) 놀랄 정도의, 굉장한

available★ [əvéiləbəl] (형) 이용할 수 있는, 쓸모 있는

common [kάmən] (형) 일반의; 공통의

delicious [dilíʃəs] (형) 맛있는, 맛좋은

lonely [lóunli] (형) 외로운, 고독한 [동] alone

public [pʌ́blik] (형) 공중의, 공공의 [반] private

regular [régjələːr] (형) 규칙적인, 정연한 [반] irregular

similar★ [símələr] (형) 유사한, 비슷한 [동] same

Slow and steady wins the race.

---

traditional★ [trədíʃənəl] (형) 전통의, 전통적인

useful [júːsfəl] (형) 쓸모 있는, 유용한, 유익한

limit★ [límit] (동) 제한하다, 한정하다 (명) 한계, 제한

mean [miːn] (동) 의미하다(mean - meant - meant)

solve★ [sαlv] (동) 풀다, 해답하다

instead [instéd] (부) 그 대신에, 그보다도

within [wiðín] (전) ~의 안쪽에, ~의 내부에

stop by★ .. 에 들르다(make a short visit)

amusement* [əmjú:zmənt] 명 오락, 놀이

avenue* [ǽvənjù:] 명 가로수길 동 road

behavior* [bihéivjər] 명 행동, 행실 동 act

brand* [brænd] 명 상표

creativity* [kri:éitiviti] 명 창의력

detail* [dí:teil] 명 세부, 세목(item)

festival [féstəvəl] 명 잔치; 축제

grave* [greiv] 명 무덤

harvest* [há:rvist] 명 수확, 추수

honesty* [ánisti] 명 정직, 성실

imagination* [imæ̀dʒənéiʃən] 명 상상, 창작력

influence* [ínflu:əns] 명 영향 동 영향을 주다

mess* [mes] 명 혼란, 어수선함

metal* [métl] 명 금속

movement [mú:vmənt] 명 운동, 활동 동 motion

policy* [páləsi] 명 정책, 방침

reason [rí:zən] 명 이유 동 cause

crazy [kréizi] 형 미친, 제정신이 아닌 동 mad

creative* [kri:éitiv] 형 창의적인, 독창적인

graceful* [gréisfəl] 형 우아한, 우미한 동 elegant

important [impɔ́:rtənt] 형 중요한, 의의 있는

less [les] 형 더 적은

loud* [laud] 형 시끄러운

mad [mæd] 형 미친, 성난

Rome was not built in a day.

---

gather [gǽðər] 동 모이다, 모으다 반 scatter

imagine [imǽdʒin] 동 상상하다(conceive)

mention* [ménʃən] 동 말하다, ~에 언급하다

repair* [ripέə:r] 동 고치다, 수리하다 동 mend

without [wiðáut] 전 ~없이, ~이 없는

be similar to ~와 비슷하다

get together 모으다, 만나다

similar to ~ ~와 비슷한

cell★ [sel] 명 세포

coin [kɔin] 명 동전

environment★ [inváiərənmənt] 명 환경

experience [ikspíəriəns] 명 경험 동 경험하다

fare★ [fɛər] 명 운임, 찻삯, 뱃삯 동 price

form★ [fɔːrm] 명 모양, 형상, 외형 동 pattern

gathering★ [gǽðəriŋ] 명 모임, 회합

fuel★ [fjúːəl] 명 연료

insect [ínsekt] 명 곤충, 벌레

mind [maind] 명 마음, 정신

owner [óunər] 명 임자, 소유자

source★ [sɔːrs] 명 수원지, 원천; 근원

zoo [zuː] 명 동물원

afraid [əfréid] 형 두려워하는, 무서워하는

certain [sə́ːrtən] 형 확신하는, 확실한

classical★ [klǽsikəl] 형 고전적인, 정통파의

impossible [impásəbəl] ㊞ 불가능한, ~할 수 없는

refreshed* [rifréʃid] ㊞ 상쾌한

unique* [juːníːk] ㊞ 독특한 ㊐ only, single

achieve [ətʃíːv] ㊐ 이루다 ㊐ accomplish

bother* [báðəːr] ㊐ ~을 괴롭히다

decide [disáid] ㊐ 결심하다, 결정하다

disappear* [dìsəpíər] ㊐ 사라지다 ㊥ appear

explode* [iksplóud] ㊐ 폭발하다

He who laughs last, laughs best.

invent [invént] ㊐ 발명하다, 고안하다, 창안하다

repair [ripέəːr] ㊐ 수리하다, 수선하다 ㊐ mend

forth [fɔːrθ] ㊝ 앞으로; 전방으로

at least 최소한

be interested in ~에 흥미가 있다

go away 사라지다

most of all 무엇보다도

take care of ~ ~을 돌보다

PART TWO

T&A 핵심 단어 · 숙어

진도 전에 예습하고 시험 준비할 때 복습하자.

2학기 중간

MIDTERM

07 꼭 암기할 핵심 단어 · 숙어

08 꼭 암기할 핵심 단어 · 숙어

09 꼭 암기할 핵심 단어 · 숙어

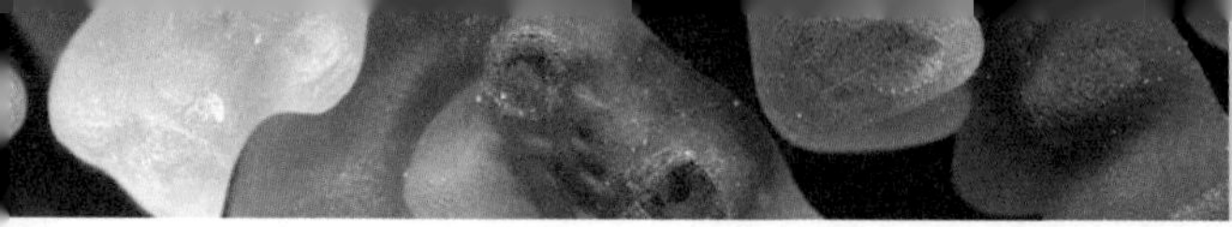

001) **activity** [æktívəti] 명 **활동, 활약; 행동**
What kind of club activity do you like?
어떤 클럽 활동을 좋아하니?

002) **character** [kǽriktər] 명 **등장인물; 특성; 문자(letter)**
The principal character in this story is a dog.
이 이야기의 주인공은 개이다.
Most of the characters can be pronounced as they are written. 대부분의 글자들은 쓰여지는 대로 발음될 수 있다.

003) **energy** [énərdʒi] 명 **힘, 정력, 활기** 동 **power**
A calorie is the measure of energy produced by food.
칼로리는 음식에서 생산되는 에너지의 단위이다.

004) **grade** [greid] 명 **등급, 계급; 학년; 성적**
He was upset because she got a very good grade.
그녀가 높은 점수를 받았기 때문에 그는 속이 상했다.

005) **information** [ìnfərméiʃən] 명 **정보**
Be careful when you give out your personal information.
개인 정보를 제공할 때는 조심하라.

006) **plant** [plænt] 명 **화초, 식물**
Most plants grow best in rich soil.
대부분의 식물들은 비옥한 토양에서 가장 잘 자란다.

007) **tour** [tuəːr] 명 **관광 여행**
Can I suggest taking a package tour?
패키지 여행으로 가세요?

008) **village** [vílidʒ] 명 **마을, 촌락**
The village was destroyed by an earthquake.
그 마을은 지진으로 파괴되었다.

009) **angry** [ǽŋgri] ⓗ **성난, 화를 낸**
You look angry. 너 화가 나 보인다.

010) **cheap** [tʃiːp] ⓗ **값이 싼; 저렴한** 반 expensive
Apples are very cheap in this season.
요즘 계절에는 사과가 아주 싸다.

011) **clever** [klévər] ⓗ **똑똑한, 영리한(bright)** 반 stupid
She is no less clever than her sister.
그녀는 동생 못지 않게 영리하다.

012) **difficult** [dífikʌ̀lt] ⓗ **곤란한, 어려운** 반 easy
· a subject difficult of solution **해결하기 곤란한 문제**
This problem is difficult to solve. 이 문제는 풀기 어렵다.

013) **enough** [inʌ́f] ⓗ **충분한; ~하기에 족한** ⓑ **충분히**
He has enough money to live on.
그는 먹고 살만한 충분한 돈이 있다.
Children don't get enough exercise these days.
요즘 어린이들은 충분한 운동을 하지 않는다.

Navigation

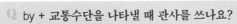

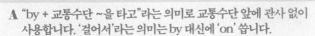

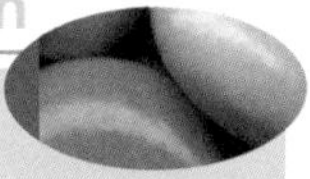

Q by + 교통수단을 나타낼 때 관사를 쓰나요?

A "by + 교통수단 ~을 타고"라는 의미로 교통수단 앞에 관사 없이 사용합니다. '걸어서'라는 의미는 by 대신에 'on' 씁니다.

My father goes to work by subway.
아버지는 지하철을 타고 출근하신다.

My sister goes to school on foot.
내 여동생은 걸어서 학교에 다닌다.

014) **add** [æd] ⓢ **더하다; 추가하다**

Add the flour, baking powder, and cocoa powder.
밀가루와 베이킹 파우더, 코코아 가루를 넣어라.

Add four and six and you get ten.
4와 6을 더하면 10이 된다.

015) **follow** [fálou] ⓢ **~을 좇다, 따르다**

Follow the cookbook and try.
요리 책에 나온 대로 따라서 해 봐라.

016) **grow** [grou] ⓢ **성장하다, 자라다 (grow - grew - grown)**

Sunflowers can grow as tall as giraffes.
해바라기는 기린 키만큼 자랄 수 있다.

017) **hold** [hould] ⓢ **잡다; 쥐다; 개최하다 (hold - held - held)**

On April 22, 1970, the first Earth Day was held.
1970년 4월 22일, 첫 번째 지구의 날이 개최되었다.

018) **order** [ɔ́:rdər] ⓢ **주문하다** ⓜ **명령, 순서, 정돈**

Are you ready to order now? 주문하시겠어요?
Find the numbers in the picture and connect them in the correct order.
그림에서 그 숫자들을 찾아서 바른 순서대로 연결하세요.

019) **push** [puʃ] ⓢ **밀다, 밀치다, 밀어 움직이다** ⓑ **pull**

When I pushed the button, the door opened.
내가 단추를 누르자 문이 열렸다.

020) **ahead** [əhéd] ⓑ **먼저, 앞으로, 전방에**

Think ahead, and make a plan.
앞날을 생각하고 계획을 짜라.
There is a crossing ahead. 앞에 건널목 있다.

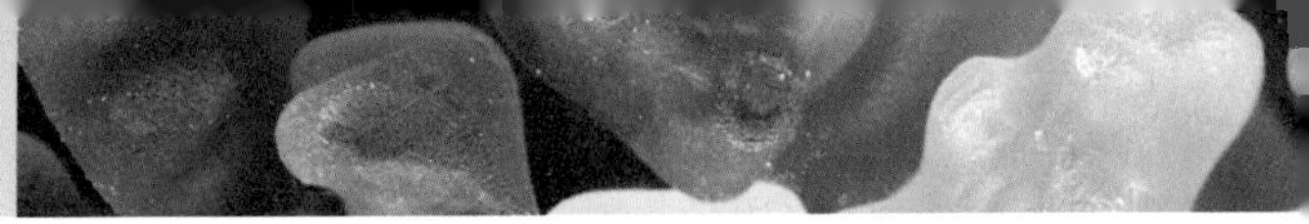

021) **agree with ~ ~에 동의하다**
Do you agree with me? 내 생각에 동의하니?
I agree with him on that point.
나는 그 점에서 그 사람 의견에 동의해요.

022) **all the time 항상**
She is a bookworm who live with book in her hands all the time.
그녀는 손안에 책을 항상 끼고 사는 책벌레이다.

023) **look around 둘러보다**
If you want, you can look around.
원한다면 둘러보아도 좋다.
You have 15 minutes to look around.
구경하실 시간을 15분 드리겠습니다.

024) **look like ...처럼 보이다**
Koalas look like bears, don't they?
코알라는 곰처럼 보여, 그렇지 않니?

025) **take a bus 버스를 타다**
Why don't you take a bus instead of a taxi?
택시 대신에 버스를 타지 그래?

026) **turn off 끄다**
Did you turn off my kitchen light?
부엌의 전등은 껐니?
It's time to turn off the television. 텔레비전을 끌 시간이다.

027) **public place 공공장소**
We should think about others in public places.
공공 장소에서는 다른 사람들을 배려해야 한다고 생각한다.

028) **allowance**★ [əláuəns] ⑲ **수당, 급여; 용돈**
His monthly allowance is 100 dollars.
그의 월간 수당은 100달러이다.
I didn't receive any allowance from my father.
나는 아버지로부터 전혀 용돈을 받지 않았다.

029) **bridge** [bridʒ] ⑲ **다리, 교량**
Turn left there and cross the bridge.
거기서 왼편으로 가신후에 다리를 건너세요.

030) **custom** [kʌ́stəm] ⑲ **관습 , 풍습**
One nice custom is showing respect to older people.
훌륭한 관습 하나는 연장자에게 경의를 표하는 것이다.

031) **danger** [déindʒər] ⑲ **위험** ⑫ **safety**
We should think about possible dangers before we act.
행동하기 전에 가능한 위험에 대해 생각해야 한다.

032) **difference** [dífərəns] ⑲ **다름, 차, 상위**
· the difference between man and woman **남녀의 차**
There are a lot of little differences between America and Korea. 미국과 한국 사이에는 작은 차이점들이 많이 있다.

033) **fever**★ [fíːvər] ⑲ **열**
I ran a fever when I had the flu.
나는 독감에 걸렸을 때 열이 났다.
You don't seem to have a fever. 열은 없는 것 같다.

034) **grass** [græs] ⑲ **풀; 잔디(lawn)**
Cattle feed on grass. 소들은 풀을 뜯어 먹는다.
I saw some kangaroos eating grass and leaves.
나는 캥거루 몇 마리가 풀과 나뭇잎을 먹고 있는 것을 보았다.

035) **headache**★ [hédèik] (명) **두통**
I can't read the book anymore because of my headache.
두통 때문에 책을 더 이상 읽을 수가 없다.

036) **hero**★ [híːrou] (명) **영웅** (반) **villain**
Every society needs heroes, and every society has them.
모든 사회는 영웅을 필요로 하며 모든 사회는 영웅을 가지고 있다.

037) **inside** [ìnsáid] (명) **안쪽, 내면, 내부** (형) **안쪽의**
She really wanted to know what was inside.
그녀는 안에 뭐가 들었는지 정말로 알고 싶었다.

038) **item**★ [áitəm] (명) **항목, 조목, 품목, 세목**
I'll ring up these other items.
여기 있는 다른 물품들은 계산을 해놓을게요.
There are twelve items on my shopping list.
내가 장볼 품목은 열두 가지이다.

039) **pause**★ [pɔːz] (명) **중지, 중단; 숨 돌림** (동) **중지하다**
I paused in the conversation. 대화를 잠시 중지했다.

Navigation

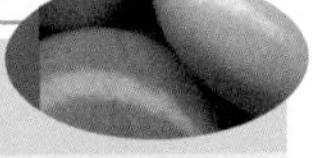

Q 수여동사에 속하는 낱말들을 알려주세요.

A give(주다), lend(빌려 주다), pass(건네주다), make(만들어 주다), buy(사주다), send(보내 주다), show(보여 주다), tell(말해 주다), ask(묻다) 등이 있습니다.

He gave me a notebook.
그는 내게 공책 한 권을 주었다.
I bought her a doll. 그녀에게 인형을 사 주었다.

040) **present** [prézənt] ⓜ **선물**
My grandpa always gives me a present on my birthday.
할아버지는 내 생일 때마다 선물을 주신다.

041) **price** [prais] ⓜ **가격, 대가; 값**
Can you tell me why prices go and down?
가격이 왜 올라가고 내려가지 설명해 주시겠어요?

042) **prize** [praiz] ⓜ **상품, 상, 상금** 동 **award**
· a prize for good conduct **선행상**
The winner of the contest will win a prize.
대회의 우승자는 상을 받을 것이다.

043) **race** [reis] ⓜ **경주** ⓓ **경주하다**
I could have won the race, but I tripped over a stone.
그 경주에서 이길 수 있었는데, 돌에 걸려 넘어졌다.

044) **rent*** [rent] ⓜ **지대, 집세** ⓓ **빌리다; 임대하다**
He must pay his rent in advance.
그는 방세를 선불로 내야 한다.
We have to know the sizes before we rent the skis.
스키를 빌리기 전에 사이즈를 알아야 된다.

045) **result** [rizʌ́lt] ⓜ **결과, 결말**
Let me know the results as soon as possible.
가능한 한 빨리 결과를 알려주세요.

046) **sight** [sait] ⓜ **시각; 조망, 광경; 풍경, 경치**
Out of sight, out of mind.
보지 않으면 마음도 멀어진다.
John could not help laughing at the funny sight.
존은 그 우스운 광경을 보고 웃지 않을 수 없었다.

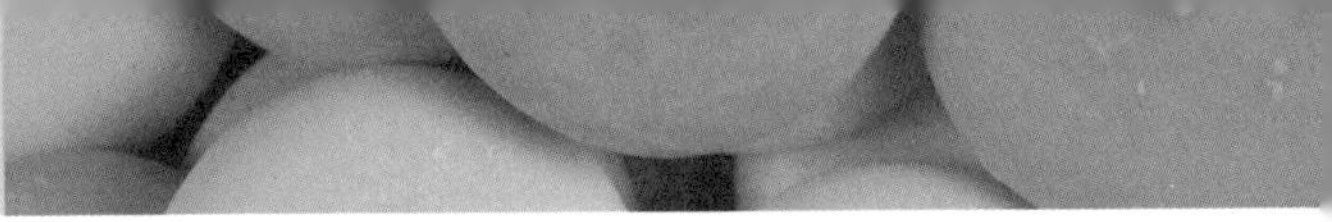

047) **talent** [tǽlənt] 명 **재주, 재능** 동 **gift**
She has enough talent as a player to be a world-beater.
그녀는 선수로 크게 성공할 충분한 재능이 있다.

048) **valley** [vǽli] 명 **계곡, 골짜기**
A valley is an area of low land between two mountains.
계곡은 두 산 사이의 낮은 지역이다.

049) **vehicle*** [víːikəl] 명 **운송 수단; 차**
Automobiles, bicycles, and planes are vehicles.
자동차, 자전거, 비행기는 운송 수단들이다.

050) **voice** [vɔis] 명 **목소리, 음성**
He has a gentle smile and a soft voice.
그는 온화한 웃음과 부드러운 목소리를 지녔다.

051) **vote*** [vout] 명 **투표, 표결; 투표권** 동 **투표하다**
Today women have the vote.
오늘날에는 여성은 선거권을 갖고 있다.

052) **wall** [wɔːl] 명 **벽**
There are poems on the walls of the classrooms.
교실 벽에는 시들이 있다.

053) **ancient** [éinʃənt] 형 **옛날의, 고대의**
The Pyramids were built as tombs of the kings of ancient Egypt.
피라미드는 고대 이집트 왕들의 무덤으로 만들어졌다.

054) **clear** [kliər] 형 **맑은, 이해된; 분명한**
She spoke to the students in a plain, clear voice.
그녀는 학생들에게 분명하고 맑은 목소리로 말했다.

055) **dizzy**★ [dízi] 형 **현기증 나는**
You shouldn't exercise if you are dizzy and sleepy.
어지럽거나 졸리면 운동해서는 안 된다.

056) **electric** [iléktrik] 형 **전기의; 발전하는**
People began to make electric cars.
사람들은 전기 자동차를 만들기 시작했다.

057) **electronic**★ [ilèktránik] 형 **전자(학)의**
She bought an electronic piano for her daughter.
그녀는 딸에게 전자 피아노를 사주었다.

058) **expensive** [ikspénsiv] 형 **값비싼**
Gold is more expensive than silver.
금은 은보다 더 비싸다.

059) **healthy** [hélθi] 형 **건강한, 건장한, 튼튼한** 동 fit
She swims every day so that she can stay healthy.
그녀는 건강을 유지하기 위해 매일 수영한다.

060) **huge** [hjuːʤ] 형 **거대한; 막대한** 동 enormous
Teenagers have become a huge market.
십대들은 거대한 시장이 되었다.

061) **impossible**★ [impásəbəl] 형 **불가능한, ~할 수 없는**
I think it's an impossible project.
그것은 불가능한 계획이라고 생각한다.
That's physically impossible! 그건 물리적으로 불가능해!

062) **lonely** [lóunli] 형 **외로운, 고독한** 동 alone
He has no friend, so he feels lonely.
그는 친구가 없어서 외로움을 느낀다.

063) **low** [lou] ⓗ **낮은** ⓑ **낮게** 반 **high**
Sometimes prices are high, and sometimes they are low.
가격은 높을 때도 있고, 낮을 때도 있다.

064) **main**★ [mein] ⓗ **주요한, 주된(principal)** 동 **chief**
What is the main aim of the program?
이 프로그램의 주 목적은 무엇인가?

065) **peaceful** [píːsfəl] ⓗ **평화로운; 평온한**
Everything is quiet and peaceful in the winter.
겨울에는 세상이 다 고요하고 평화롭다.

066) **pleased**★ [pliːzd] ⓗ **기뻐하는, 만족한, 마음에 든**
She felt pleased and her step was light.
그녀는 기쁜 마음이 들어 발걸음이 가벼웠다.

067) **positive** [pάzətiv] ⓗ **확신하는, 긍정적인** 반 **negative**
· a positive answer **긍정적인 대답**
She has a very positive attitude to life.
그녀는 삶에 대해 아주 긍정적인 태도를 지니고 있다.

Navigation

Q There are.../There is...**의 차이점은 무엇인가요?**

A 'There are/is.. ~가 있다'의 의미로 쓰이며, There are는 복수 명사에 There is는 셀 수 없는 명사나 단수 명사에 쓰입니다.

There are five apples in the basket.
바구니에는 5개의 사과가 있다.
There is a book on the desk. 책상 위에는 책이 한 권 있다.
There are many students in the classroom.
교실에는 학생들이 많이 있다.

068) **silent** [sáilənt] ⓗ **침묵하는; 고요한(quiet)**
The house was silent. 그 집은 고요했다.

069) **sore*** [sɔːr] ⓗ **아픈(painful)**
I have a sore throat. I think I'm catching a cold.
목이 아파서요. 감기 걸렸나 봐요.

070) **successful*** [səksésfəl] ⓗ **성공한, 좋은 결과의**
Parker was a very rich and successful business.
파커는 매우 부자이고 성공적인 사업가이다.

071) **wide** [waid] ⓗ **폭넓은; 넓은** ㊞ **narrow**
The plains are wide and dry. 평원은 넓고 메마르다.

072) **wise** [waiz] ⓗ **슬기로운, 현명한** ㊞ **stupid**
The heroine was brave and wise.
그 여주인공은 용감하고 현명했다.

073) **burn** [bəːrn] ⓓ **타다 (burn - burned - burnt)**
Turn the heat down or the cake will burn.
불을 줄여라. 그렇지 않으면 케이크가 탈거다.
She has a skin that burns easily in the sun.
그녀의 피부는 볕에 타기 쉽다.

074) **connect*** [kənékt] ⓓ **연결하다** ⓓ **join**
This Bridge connects New York City and New Jersey.
이 다리는 뉴욕시와 뉴저지를 연결한다.

075) **drop** [drɑp] ⓓ **떨어뜨리다,내리다** ⓜ **방울**
· drop in **잠깐 들르다**
Apples drop to the ground. 사과는 땅으로 떨어진다.
I didn't drink a drop of water.
나는 물 한방울도 마시지 않았다.

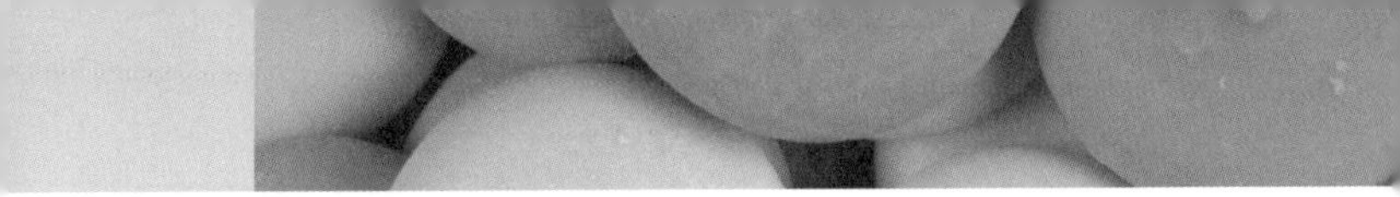

076) **guess** [ges] (동) **추측하다**
Close one eye, then guess how far away things are.
한쪽 눈을 감고, 사물들이 얼마나 멀리 떨어져 있는지 추측해 보라.

077) **save** [seiv] (동) **모으다, 구하다**
You can save some money if you walk to school.
학교에 걸어가면, 넌 약간 돈을 저축할 수 있다.
Scientists can predict earthquakes and save many people's lives.
과학자들은 지진을 예측하여 많은 사람들의 생명을 구할 수 있다.

078) **spray**★ [sprei] (동) **뿌리다** (명) **물보라**
She sprayed yellow paint on the fence.
그녀는 노란 색 페인트를 담에 뿌렸다.

079) **surprise** [sərpráiz] (동) **(깜짝) 놀라게 하다** (명) **놀람, 경악**
Bob! What a surprise! What are you doing here?
밥! 웬일이에요! 여긴 어쩐 일이에요?

080) **else** [els] (부) **그 외에, 그 밖에**
What else was there? 그밖에 무엇이 있었니?
You ate a lot of Italian food and nothing else tonight.
오늘 저녁에 이탈리아 음식만 많이 먹고, 그 밖에 아무 것도 안 먹었다.

081) **finally** [fáinəli] (부) **마침내; 결국(ultimately)**
I looked for my bag for three hours and finally found it.
나는 세 시간 동안 나의 가방을 찾았고, 마침내 그것을 발견했다.

082) **onto**★ [ɔntuː] (전) **~의 위에**
The cat had climbed onto an upper limb of the tree.
그 고양이는 나무 위쪽 가지로 올라갔다.
The man is holding onto the tube.
남자가 튜브를 붙잡고 있다.

083) **at that time 그때**

I have an appointment with him at 4 o'clock, but I don't think I will be there at that time.
제가 4시에 그분과 약속이 있습니다만, 아무래도 그때까지 못 갈 것 같아서요.

084) **by the way 그런데**

By the way, what time is it now? 그런데, 지금 몇 시니?

085) **for now 우선은, 현재로는, 당분간은**

We're going to print only five thousand for now.
우선 5천 부만 인쇄할 예정이다.

086) **in the middle of ~중간에**

There is a vase in the middle of the desk.
책상 가운데 꽃병이 있어요.

It's in the middle of the block on your right.
그것은 너의 오른편 블록 중간에 있다.

087) **right now 당장, 지금**

Do you think you can repair this computer right now?
이 컴퓨터를 지금 당장 수리할 수 있겠니?

088) **believe in ~의 존재를 믿다; 신뢰하다**

Do you believe in ghosts?
유령이 있다고 믿습니까?

If you don't believe in yourself, nobody will.
만약 자신을 믿지 않는다면, 누구도 당신을 믿지 않을 것이다.

089) **have no idea 모른다**

I have no idea where he is.
그가 어디에 있는지 나는 전혀 모른다.

When you ride a horse, you sit on it and control its movement.

Navigation

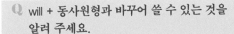

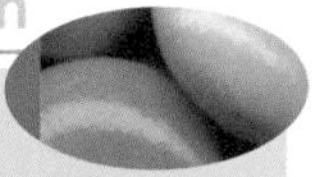

Q will + 동사원형과 바꾸어 쓸 수 있는 것을 알려 주세요.

A 'will + 동사원형 ~할 것이다'의 뜻으로 미래를 나타내는, 이때는 'be going to + 동사원형'으로 바꾸어 쓸 수 있습니다.

I will be there by six.
= I am going to be there by six.
나는 6시까지는 거기에 갈 것이다.

A street is a road in a city, town, or village, usually with houses along it.

A picture consists of lines and shapes which are drawn, painted, or printed on a surface and show a person, thing, or scene.

The sale of goods is the act of selling them for money.

Something that is popular is enjoyed or liked by a lot of people.

If something is dangerous, it is able or likely to hurt or harm you.
*harm [hɑːrm] 해, 해악

When you fry food, you cook it in a pan that contains hot fat or oil.
*contain [kəntéin] 담고 있다, 포함하다

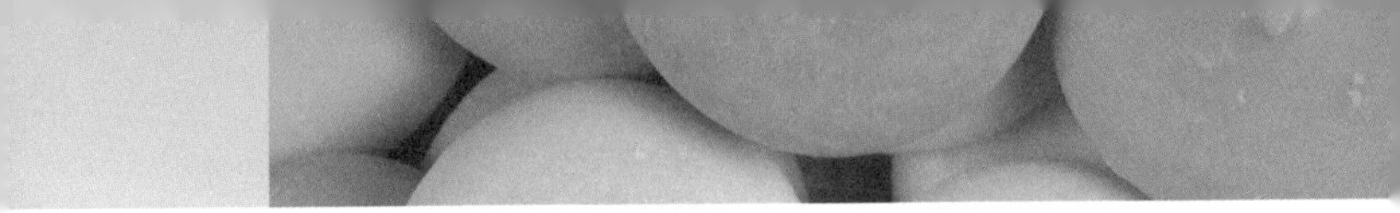

Communication Function

Can you pass me the litter bin?
쓰레기통을 건네 줄 수 있겠니?

Art can teach us many things.
예술은 우리에게 많은 것을 가르쳐 줄 수 있다.

1) 4형식에 쓰이는 수여동사는 give, teach, make, send, tell 등이 있으며, '주어 + 동사 + 간접목적어(사람) + 직접목적어(사물)'의 형태이다.

2) 4형식 문장은 '간접목적어 + 직접목적어'의 순서를 바꾸어 '직접목적어 + to/for/of + 간접목적어'의 순으로 바꾸어 나타낼 수 있는데, 이때는 동사의 종류에 따라 전치사가 달라진다.
to를 쓰는 동사: teach, give, send, show, tell 등
for를 쓰는 동사: make, buy 등　　of를 쓰는 동사: ask

Try It Again

다음 빈 칸에 알맞은 말을 쓰시오.

1. His mother makes us delicious food.
   → His mother makes delicious food ________ us.
2. Grandpa always told us an interesting story.
   → Grandpa always told an interesting story ________ us.
3. My father bought me a new toy.
   → My father bought a new toy ________ me.

circle [sə́ːrkl] 명 원

culture [kʌ́ltʃər] 명 문화

dessert* [dizə́ːrt] 명 디저트

engine [éndʒən] 명 엔진

future [fjúːtʃər] 명 미래, 장래

giraffe [dʒəræf] 명 기린

graph [græf] 명 그래프, 도표

harbor* [háːrbər] 명 항구

hope* [houp] 명 희망; 기대

idea* [aidíːə] 명 생각, 관념

lake [leik] 명 호수

march [mɑːrtʃ] 명 행진, 행군

message* [mésidʒ] 명 메시지

midnight* [mídnàit] 명 한밤중

mirror* [mírər] 명 거울, 반사경

money [mʌ́ni] 명 돈

museum* [mjuːzíːəm] 명 박물관

palace [pǽlis] 명 궁전

salesperson [séilzpə̀ːrsn] 명 판매원

sand* [sænd] 명 모래

sign [sain] 명 표시, 기호

summer [sʌ́mər] 명 여름

throat* [θrout] 명 목구멍

tower [táuəːr] 명 탑, 망루

world [wəːrld] 명 세계, 지구

bad [bæd] 형 나쁜, 악질의

childhood [tʃáildhùd] 명 어린 시절

university [jùːnəvə́rsəti] 명 종합대학

cold [kould] 형 추운

different [dífərənt] 형 다른, 딴

excited [iksáitid] 형 흥분한

famous* [féiməs] 형 유명한

important [impɔ́ːrtənt] 형 중요한

pleasant* [pléznt] 형 즐거운

near* [niər] 부 가까이

round [raund] 형 둥근

sad* [sæd] 형 슬픈

sure* [ʃuər] 형 확실한

watch★ [watʃ] ⓢ 지켜보다

believe [bilíːv] ⓢ 믿다

laugh★ [læf] ⓢ 웃다

roll [roul] ⓢ 구르다

soon [suːn] ⓟ 이윽고, 곧

during★ [djúəriŋ] ⓟ ~동안

bar graph 막대 그래프

main dish★ 주요리

keep silent 침묵하다

shall [ʃæl] ⓩ ~가 될 것이다

cover★ [kʌ́vər] ⓢ 덮다

learn [ləːrn] ⓢ 배우다

stay★ [stei] ⓢ 머무르다

yet★ [jet] ⓟ 아직

than★ [ðæn] ⓙ ~보다

fire fighter★ 소방관

piggy bank 돼지 저금통

make it on time 제시간에 가다

Try It Again 쪽지 시험

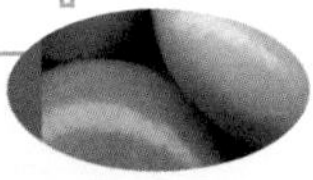

A 다음 주어진 단어의 뜻을 쓰시오.

custom ________ wide ________ connect ________

vehicle ________ main ________ lonely ________

B 우리말을 주어진 철자로 시작는 단어를 쓰시오.

다름, 차 - d________ 불가능한 - i________

1. 다음 중 비슷한 말끼리 연결된 것은?

① hero-villain ② danger-safety
③ prize-award ④ low-high
⑤ wide-narrow

2. 다음 두 단어의 관계가 나머지 넷과 다른 것은?

① healthy-fit ② positive-negative
③ main-chief ④ huge-enormous
⑤ connect-join

3. 다음 중 우리말과 영어가 같은 뜻으로 연결되지 않은 것은?

① silent-침묵하는
② sore-시큼한
③ dizzy-현기증 나는
④ surprise-놀라게 하다
⑤ impossible-불가능한

4. 다음 빈칸에 들어갈 알맞은 것을 고르시오.

Everything is both good and bad, ______ and negative.

① lonely ② pleased ③ positive
④ difference ⑤ successful

[5-6] 다음 우리말과 일치하도록 빈 칸에 알맞은 말을 쓰시오.

5. 매년 여름마다 많은 사람들이 햇빛에 탄 채 집으로 돌아온다.
Every summer many return home suffering from a sun ____________.

6. 기온이 갑자기 떨어지면 대부분의 곡물에 피해를 준다.
A sudden __________ temperature is harmful to most cereal crops.

7. 다음 설명에 해당하는 단어는?

a machine used for carrying people or goods on land

① race ② present ③ vehicle
④ custom ⑤ allowance

8. 다음 빈칸 A와 B에 들어갈 알맞은 것을 고르시오.

Once there was a shepherd who had a large, herd of sheep to ____A____. One day they came to a deep water where there was fortunately a bridge. However, the bridge was tiny and narrow, so that only on sheep at a time could go ____B____ it.

① for now-behind ② believe in-before
③ have no idea-before ④ in the middle of-across
⑤ take care of-across

090) **branch** [bræntʃ] ⓜ **가지, 분지**
The birds are sitting on a branch.
새들이 나뭇가지 위에 앉아 있다.

091) **conversation** [kànvərséiʃən] ⓜ **회화, 대화**
Try to take part in the conversation.
대화에 참여하려고 노력하라.
I happened to hear their conversation.
나는 그들의 대화를 우연히 듣게 되었다.

092) **culture** [kʌ́ltʃər] ⓜ **문화**
Teenage culture is different from adult culture.
십대 문화는 성인 문화와 다르다.
Greece is the source of European cultures.
그리스는 유럽 문화의 근원이다.

093) **danger** [déindʒər] ⓜ **위험**
The bodyguard protected her against danger.
경호원은 위험으로부터 그녀를 보호했다.

094) **department*** [dipáːrtmənt] ⓜ **부, 부문**
He administers a sales department of the company.
그는 그 회사의 영업부를 관리한다.

095) **diary** [dáiəri] ⓜ **일기, 일기장**
· keep a diary **일기를 쓰다**
Alice hasn't remembered where she put the diary.
앨리스는 그 일기장을 둔 곳을 기억해내지 못했다.

096) **drug** [drʌg] ⓜ **약, 약품; 마약(narcotic)**
The doctor gave him some drugs to relieve the pain.
의사는 그에게 통증을 덜어주려고 약을 주었다.

097) **engine★** [éndʒən] ⓜ **엔진, 발동기; 소방차**
The immediate cause of the accident was engine failure.
그 사고의 직접적인 원인은 엔진 고장이었다.

098) **event★** [ivént] ⓜ **사건; 행사**
Please tell me all the details of the event.
내게 그 사건을 상세하게 말해 줄래.
The event will be covered live on TV.
그 행사는 TV로 생방송될 것이다.

099) **field** [fi:ld] ⓜ **들판, 벌판; 경기장**
The field changed from green to brown.
들판은 푸른 빛에서 갈색으로 바뀌었다.
The players are already on the field except one.
한 사람을 제외하고 선수들은 이미 경기장에 나와 있다.

100) **folk★** [fouk] ⓜ **민속 음악** ⓗ **민중의, 민속의**
Pansori is a kind of folk play. 판소리는 민속극의 일종이다.
I enjoy listening to folk music.
나는 민속 음악 듣는 것을 즐긴다.

Navigation

Q Let me + **동사원형에 대해서 설명해 주세요.**

A Let me + 동사원형~; 내가 ~하겠다, 내가 ~하도록 허락하세요의 뜻으로 정중하게 자신의 행동을 제안하거나, 무엇인가를 부탁하는 표현으로 사용됩니다. 참고로 'Let's는 ~하자'의 뜻으로 상대방에게 제안할 때 쓰입니다.

Let me help you. 제가 도와 드리지요.
Let me go home now. 지금 집으로 가게 해 주세요.

101) **foreigner**★ [fɔ́rinəːr] ⓜ **외국인(alien)**
On my way to school, I met a foreigner.
학교로 가는 길에 나는 한 외국인을 만났다.

102) **freedom**★ [fríːdəm] ⓜ **자유**
We have the freedom to do what we want.
우리에게는 하고 싶은 것을 할 자유가 있다.

103) **giant** [ʤáiənt] ⓜ **거인** ⓗ **거대한** ⓑ **dwarf**
His son is a giant of 6 feet.
그의 아들은 6피트 키의 거인이다.
What a giant of a tree! 정말 거대한 나무다!

104) **group** [gruːp] ⓜ **그룹, 집단, 단체**
Each group made different dishes.
각 모둠별로 다른 음식을 준비했다.

105) **height**★ [hait] ⓜ **높이, 키**
This door is narrow in proportion to its height.
이 문은 높이에 비해 좁다.
What is the height of the mountain?
그 산은 높이가 얼마입니까?

106) **hero** [híːrou] ⓜ **영웅; 위인**
In 1958, when he was eighteen, he was a hero of the World Cup. 1958년 그가 18세였을 때 그는 월드컵의 영웅이 되었다.

107) **leaf** [liːf] ⓜ **잎, 나뭇잎, 풀잎; (복) leaves**
The leaves on trees reduce pollution. 나뭇잎은 오염을 줄인다.

108) **list**★ [list] ⓜ **목록, 표, 일람표**
Make a list of every goal you have.
당신이 가지고 있는 모든 목표들의 목록을 만들어라.

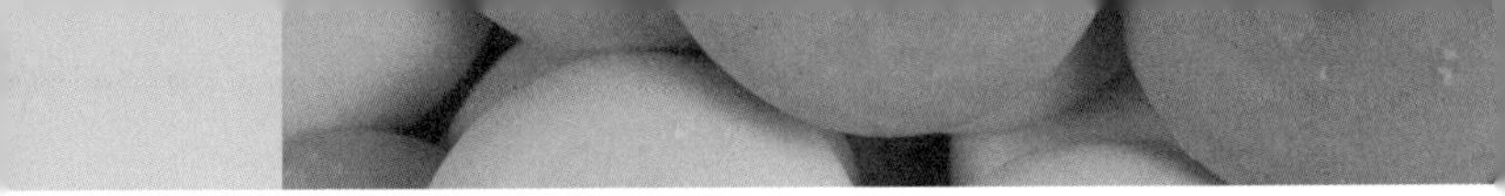

109) **marketplace*** [máːrkitplèis] 명 **시장, 장터**
The marketplace was crowded with people.
장터에 사람들로 붐비었다.

110) **match** [mætʃ] 명 **성냥; 시합,경기(game)**
Keep matches out of reach of children.
성냥은 아이들 손에 닿지 않게 해야 된다.
The match was a joy to watch.
그 경기는 보기에 재미있었다.

111) **medium*** [míːdiəm] 명 **중간; 매체**
I want this shirt in medium size.
이 셔츠를 중간 크기로 사고 싶은데요.
I'm afraid we only have the yellow color in medium.
유감스럽게도 그 노란 셔츠는 미디움 사이즈밖에 없네요.

112) **message** [mésidʒ] 명 **전하는 말, 전언**
Would you like to leave a message?
메시지를 남기시겠어요?

113) **midnight*** [mídnàit] 명 **한밤중**
Last night, I studied until midnight.
어젯밤 나는 자정까지 공부를 했다.

114) **nest** [nest] 명 **둥지, 보금자리**
Birds are leaving their nests. 새들이 둥지를 떠나고 있다.

115) **noise** [nɔiz] 명 **소음, 시끄러운 소리**
Don't make noise in the classroom.
교실 안에서 소란피우지 말아라.
The elevator stopped working with a loud noise.
엘리베이터는 커다란 소음을 내며 멈춰 섰다.

116) **rest** [rest] ⓜ **휴식; (the~) 나머지**
You look tired. You had better take a rest.
피곤해 보인다. 쉬는 것이 낫겠다.
At the age of 30, he devoted the rest of his life to serve the people in Africa. 30의 나이에, 그는 남은 평생을 아프리카 사람들을 돌보는 일에 바쳤다.

117) **rule** [ru:l] ⓜ **규칙, 법칙**
I make it a rule to go to bed at 11 o'clock.
나는 11시에 자는 것을 규칙으로 하고 있다.

118) **screen** [skri:n] ⓜ **화면**
There was no picture on the TV screen.
텔레비전 화면에는 아무 것도 나오지 않았다.

119) **shadow★** [ʃǽdou] ⓜ **그림자; 그늘** ⓓ **shade**
Mountains and valleys cause darker shadows.
산과 계곡은 더 어두운 그림자를 나타낸다.

120) **sign** [sain] ⓜ **기호, 표시**
Look out for a sign to the hospital. 병원 표지판을 찾아봐라.
They hung many signs around their neighborhood.
그들은 이웃 주변에 많은 안내문을 붙였다.

121) **smoke** [smouk] ⓜ **연기** ⓓ **연기를 내다**
He saw the smoke from his bonfire rising up in a white column.
그가 피워놓은 화톳불에서 하얀 연기 기둥이 오르는 것을 봤다.

122) **stair★** [stɛə:r] ⓜ **계단**
I climb stairs instead of taking an escalator or elevator.
나는 에스컬레이터나 엘리베이터를 타는 대신 계단으로 올라간다.

123) **stick** [stik] ⓜ **막대기**
The lion jumps over a stick.
사자가 막대기를 뛰어넘는다.

124) **street** [striːt] ⓜ **거리** 동 road
There are many people on the street.
거리에 사람들이 많아요.

125) **trip** [trip] ⓜ **여행** 동 journey
It was the nicest trip I've ever had.
지금까지 내가 가 본 것 중에 가장 멋진 여행이었다.

126) **umbrella** [ʌmbrélə] ⓜ **우산**
Don't forget to take your umbrella.
잊지 말고 우산을 가지고 가세요.

127) **wand** [wɑnd] ⓜ **막대기; (마술사의) 지팡이**
The fairy godmother waved her magic wand.
요정 대모가 요술지팡이를 두드렸다.
Whose wand is this? 이건 누구의 지팡이죠?

Navigation

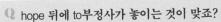

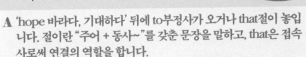

Q hope 뒤에 to부정사가 놓이는 것이 맞죠?

A **'hope 바라다, 기대하다' 뒤에 to부정사가 오거나 that절이 놓입니다. 절이란 "주어 + 동사~"를 갖춘 문장을 말하고, that은 접속사로써 연결의 역할을 합니다.**

I hope to see you again.
또 만나 뵙기를 바랍니다.
I hope that the rain will stop soon. 비는 곧 멎겠지요.

128) **amazing*** [əméiziŋ] ⓗ **놀랄 정도의, 굉장한**
Really? It's amazing. 정말이야? 놀랍다.
It was amazing to watch them perform.
그들이 연기하는 것을 보는 일은 굉장한 일이었다.

129) **another** [ənʌðər] ⓗ **다른 하나의, 또 하나의(one more)**
One is a circle, another is a star, and the other is a square.
하나는 원, 다른 하나는 별, 또 다른 하나는 네모이다.

130) **available*** [əvéiləbəl] ⓗ **이용할 수 있는, 쓸모 있는**
I wondering, is it still available?
궁금한 게 있는데, 아직도 사용가능 한가요?
The information is available to anyone.
그 정보는 누구나가 이용 가능하다.

131) **common** [kámən] ⓗ **일반의; 공통의**
All animals have three things in common.
모든 동물들은 세 가지의 공통점을 가지고 있다.

132) **delicious** [dilíʃəs] ⓗ **맛있는, 맛좋은**
These apples look delicious. Why don't we buy some?
사과들이 맛있어 보이는데 좀 살까?

133) **lonely** [lóunli] ⓗ **외로운, 고독한** ⓓ **alone**
The lonely man only wanted someone to dine with him.
그 외로운 남자는 단지 그와 함께 저녁을 먹을 사람을 원했을 뿐이다.

134) **kindly*** [káindli] ⓗ **상냥한, 이해심 많은** ⓑ **친절하게**
She has a kindly heart. 그녀는 상냥한 마음씨를 지녔다.
He kindly showed me the way to the National Museum.
그는 매우 친절하게 국립박물관으로 가는 길을 나에게 가르쳐 주었다.

135) **noisy** [nɔ́izi] ⓗ **떠들썩한, 시끄러운**
The park was so noisy that I couldn't rest.
공원이 너무 시끄러워서 쉬지를 못했다.

136) **peaceful*** [píːsfəl] ⓗ **평화로운**
Everything's quiet and peaceful in the winter.
겨울에는 모든것이 고요하고 평화롭다.

137) **public** [pʌ́blik] ⓗ **공중의, 공공의** 반 **private**
Public libraries are open to all the people.
공립 도서관은 모두에게 개방되어 있다.

138) **real** [ríəl] ⓗ **진짜의; 현실의, 실제의**
The poet is a real man. 그 시인은 실존 인물이다.
Is your jacket real leather? 당신 재킷은 진짜 가죽입니까?

139) **safe** [seif] ⓗ **안전한, 위험이 없는** 반 **dangerous**
It's not safe to walk the streets at night.
밤에 길거리를 걷는 것은 안전하지 못하다.
I wish you a safe journey. 안전한 여행을 빕니다.

140) **short** [ʃɔːrt] ⓗ **짧은** 반 **long**
You look so different with short hair.
머리가 짧으니까 매우 달라 보인다.

141) **similar*** [símələr] ⓗ **유사한, 비슷한** 동 **same**
He found Korean culture similar to Canadian culture.
그는 한국 문화와 캐나다 문화가 비슷하다는 것을 알았다.

142) **wet*** [wet] ⓗ **젖은, 축축한** 반 **dry**
The forecast says it will be wet and misty tomorrow.
일기예보에 의하면 내일은 다습하고 안개가 낄 것이라고 한다.

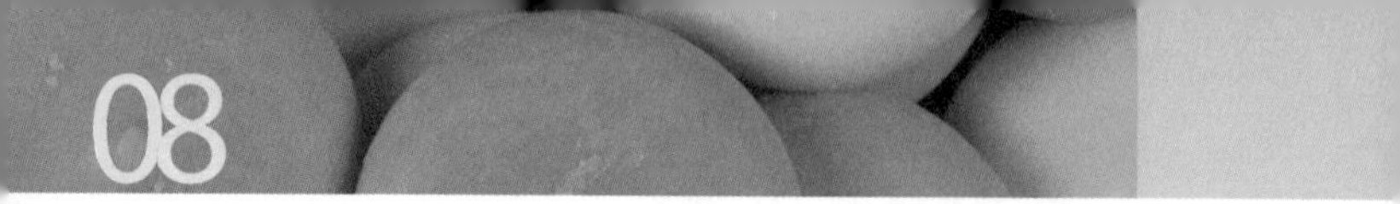

08

143) **strange** [streindʒ] ⓗ **이상한, 야릇한, 기묘한**
I saw a strange object flying in the sky.
하늘을 나는 이상한 물체를 목격했다.

144) **sunny**★ [sʌ́ni] ⓗ **양지바른, 햇볕이 잘 드는**
Let's hope the sunny weather keeps up for tomorrow's match. 맑은 날씨가 내일 경기까지 이어지기를 기대해 보자.

145) **traditional**★ [trədíʃənəl] ⓗ **전통의, 전통적인**
Hanbok is Korean traditional dress.
한복은 한국의 전통적인 의상이다.
It's traditional in America to eat turkey on Thanksgiving Day.
미국에서는 추수감사절에 칠면조를 먹는 것이 전통이다.

146) **useful** [júːsfəl] ⓗ **쓸모 있는, 유용한, 유익한**
Camels are useful in the desert.
낙타는 사막에서는 쓸모가 있다.
It'll be useful on my trip next week.
그건 다음 주에 있을 여행에 아주 유용할 것 같다.

147) **build** [bild] ⓓ **짓다, 세우다 (build - built - built)**
Birds build their nests out of twigs.
새들은 잔가지들로 둥지를 짓는다.

148) **clean** [kliːn] ⓓ **청소하다**
Did you clean the blackboard?
칠판을 깨끗하게 정리했나요?

149) **limit**★ [límit] ⓓ **제한하다, 한정하다** ⓜ **한계, 제한**
· exceed the speed limit **제한 속도를 초과하다**
Television viewing limits the workings of the viewer's imagination. TV 시청은 시청자의 상상력의 활동을 제한시킨다.

150) **mean** [mi:n] (동) **의미하다** (mean - meant - meant)
What do you mean? 무슨 뜻이니?
These symbols mean nothing to me.
이 상징들은 내게 아무런 의미가 없다.

151) **paint** [peint] (동) **그리다, 칠하다**
What color do you want to paint it?
어떤 색으로 칠하고 싶니?

152) **ride** [raid] (동) **타다, 타고 가다** (ride - rode - ridden)
I ride my bike to school instead of taking the bus.
등교할 때 버스타고 가는 대신에 자전거 타고 간다.

153) **send** [send] (동) **보내다** (send - sent - sent) [반] receive
I will send out the invitations to everyone.
나는 모두에게 초대장을 보낼 것이다.

154) **solve**★ [salv] (동) **풀다, 해답하다**
I can solve this equation.
나는 이 방정식을 풀 수 있다.

Navigation

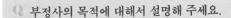

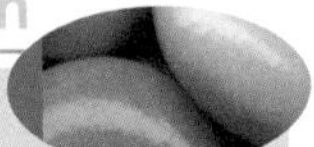

Q 부정사의 목적에 대해서 설명해 주세요.

A 부정사(to+동사원형)는 "~하기 위하여"의 뜻으로 목적을 나타내기도 한다. 목적의 뜻을 분명히 하기 위해 "in order to~, so as to~"를 쓰기도 합니다.

She goes to see Dr. Kim. 그녀는 김 박사를 만나러 간다.
Min-su will come to help us.
민수가 우리를 도우러 올 것이다.

155) **even** [íːvən] ⓟ **~조차, 심지어**

He doesn't clean even his room!

그는 심지어 자기 방도 청소하지 않는다.

156) **finally** [fáinəli] ⓟ **마침내, 결국(ultimately)**

Although the woman who was uneducated, she finally became a great business person.

비록 그녀는 교육받지 못했지만, 마침내 훌륭한 사업가가 되었다.

157) **however** [hauévər] ⓟ **그러나**

However hungry you may be, you must eat slowly.

아무리 배가 고프다고 할지라도 천천히 먹어야 한다.

I was late for lunch; however, there was plenty of food.

나는 점심 식사에 늦었지만 음식이 많이 남아 있었다.

158) **instead** [instéd] ⓟ **그 대신에, 그보다도**

I'll have tea instead of coffee, please.

커피 대신에 차를 마실 게요.

159) **under** [ʌ́ndər] ⓟ **~의 아래에**

He knelt down and tried to see under the door.

그는 무릎을 꿇고 앉아서 문 밑으로 보려고 애썼다.

160) **within** [wiðín] ⓟ **~의 안쪽에, ~의 내부에**

You should make them within 2 minutes.

2분 이내에 만들어야 한다.

Do outdoor activities within your ability.

여러분의 능력 내에서 실외 활동을 해라.

161) **stop by*** **.. 에 들르다(make a short visit)**

Could you stop by the travel agency on the way back home from work?

퇴근하는 길에 여행사 좀 들려줄 수 있어?

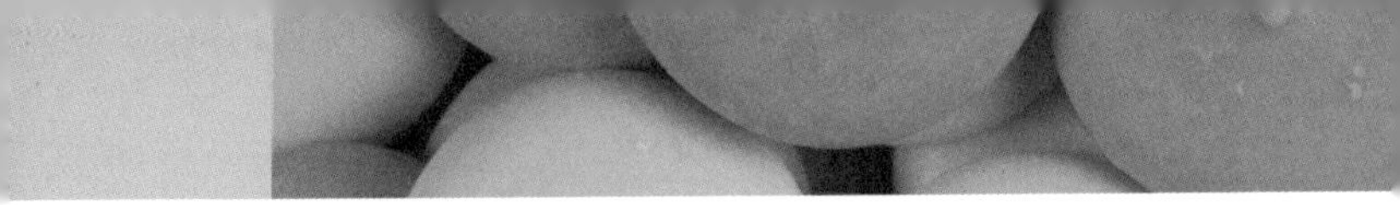

Communication Function

We did our best. But we lost the baseball game.
우리는 최선을 다했다. 그러나 우리는 야구 경기에서 졌다.

Fast food restaurants are popular because the service is fast.
패스트푸드 식당은 서비스가 빠르기 때문에 인기가 있다.

1) and, but, or, so, because는 접속사로 단어와 단어, 구와 구, 절과 절을 이어준다.

2) and(그리고)는 서로 비슷한 내용, but(그러나)은 서로 상반되는 내용, or(또는) 둘 중 하나를 선택하야 하는 경우, so(그래서)는 인과관계가 있는 내용을 이어주며, because(때문에)는 이유를 나타낸다.

Try It Again

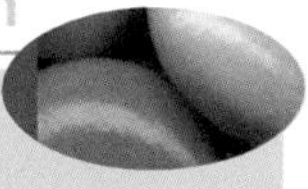

다음 빈 칸에 알맞은 말을 쓰시오.

1. School was over, ________ I played basketball with my friends.
2. A tiger is bigger than a cat, ______ it's smaller than a bear.
3. Do you like pizza ________ chicken?
4. Fast food restaurants have simple ________ cheap food, like hamburgers.

bee★ [bi:] 명 꿀벌
block★ [blαk] 명 구획
butterfly★ [bʌ́tərflài] 명 나비
cell phone [selfoun] 명 핸드폰
frog [frɔ:g] 명 개구리
movie [mú:vi] 명영화
number [nʌ́mbə:r] 명 수; 번호
postcard★ [póustkὰ:rd] 명 우편엽서
problem [prάbləm] 명 문제

bird★ [bə:rd] 명 새
bridge [bridʒ] 명 다리, 교량
email [í:mèil] 명 전자 메일
dream [dri:m] 명 꿈
letter★ [létə:r] 명 글자; 편지
member★ [mémbər] 명 일원
pet★ [pet] 명 애완동물
pot★ [pɔt] 명 단지, 항아리
season★ [sí:zən] 명 계절

seesaw [sí:sɔ̀:] 명 시소
skirt [skə:rt] 명 치마
wax [wæks] 명 밀초; 밀랍
wrestling [résliŋ] 명 레슬링
someone [sʌ́mwʌ̀n] 대누군가
strawberry [strɔ́:bèri] 명 딸기
teenager [tí:nèidʒə:r] 명 십대
small [smɔ:l] 형 작은
popular★ [pάpjələr] 형 인기 있는
here and there★ 여기저기에서

size★ [saiz] 명 크기, 치수
soccer [sάkə:r] 명 축구
wolf [wulf] 명 늑대
teen [ti:n] 명 십대
test [test] 명 테스트, 시험
text [tekst] 명 본문
simple★ [símpəl] 형 단순한
worried [wə́:rid] 형 걱정스러운
in a fire★ 불이 났을 때
hurry up★ 서두르다

agree [əgríː] 동 동의하다

learn* [ləːrn] 동 배우다, 익히다

read [riːd] 동 읽다

must [mʌst] 조 ~해야 한다

already* [ɔːlrédi] 부 이미

early [ə́ːrli] 부 일찍이

often* [ɔ́ftən] 부 흔히, 자주

down [daun] 전 부 아래로

department store 백화점

bring* [briŋ] 동 가져오다

leave* [liːv] 동 남기다; 떠나다

touch [tʌtʃ] 동 ~을 만지다

above* [əbʌ́v] 부 위쪽에; 위에

always [ɔ́ːlweiz] 부 늘, 항상

along [əlɔ́ːŋ] 전 ~을 따라

then* [ðen] 부 접 그 다음에

onto [ɔ́ntuː] 전 ~의 위에

field trip 현장학습

Try It Again 쪽지 시험

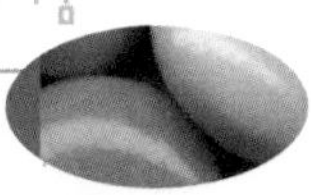

A 다음 주어진 단어의 뜻을 쓰시오.

freedom _____ danger _____ event _____

shadow _____ noise _____ solve _____

B 우리말을 주어진 철자로 시작는 단어를 쓰시오.

비슷한 - s_____ 전통의 - t_____

1. 다음 중 비슷한 말끼리 연결된 것은?

① send-receive ② noisy-quiet
③ public-private ④ trip-journey
⑤ giant-dwarf

2. 다음 중 원형과 과거분사가 잘못 연결된 것은?

① break-broken ② mean-meant
③ build-built ④ ride-ridden
⑤ become-became

3. 다음 중 우리말과 영어가 같은 뜻으로 연결되지 않은 것은?

① kindly-상냥한
② limit-제한하다
③ even-지금까지
④ available-이용할 수 있는
⑤ conversation-대화

4. 다음 빈칸에 들어갈 알맞은 것을 고르시오.

It was a very important historic ___________.

① culture ② message ③ field
④ event ⑤ department

[5-6] 다음 우리말과 일치하도록 빈 칸에 알맞은 말을 쓰시오.

5. 우리의 전통 경기들의 이름은 무엇입니까?
What are the names of our ________ games?

6. 그녀는 멋대로 갈색 구두 대신 검정색 구두를 선택했다.
She made an arbitrary choice of the black shoes ________ the brown ones.

7. 다음 설명에 해당하는 단어는?

easy, or very useful for a particular purpose

① stair ② common ③ amazing
④ peaceful ⑤ convenient

8. 다음 빈칸 A와 B에 들어갈 알맞은 것을 고르시오.

I like the city better than the country ____A____ there are large libraries, movie theater, department stores in the city.
They preferred that I go outside and play with my friends, ____B____ I usually did a lot more playing than watching TV.

① and-so ② so-because
③ before-so ④ while-so
⑤ because-so

162) **amusement*** [əmjú:zmənt] ⓜ **오락, 놀이**
· amusement park **놀이 공원**
Baseball is a healthy amusement.
야구는 건전한 오락이다.

163) **avenue*** [ǽvənjù:] ⓜ **가로수길** ⓢ road
The avenue parallels the river.
그 거리는 강과 나란히 뻗어 있다.

164) **behavior*** [bihéivjər] ⓜ **행동, 행실** ⓢ act
I can't put up with her rude behavior.
나는 그녀의 무례한 행동을 참을 수 없다.

165) **brand*** [brænd] ⓜ **상표**
I saw my favorite actor advertise this brand on TV.
내가 좋아하는 배우가 이 상표를 광고하는 것을 TV에서 보았다.

166) **chopstick** [tʃápstìk] ⓜ **젓가락**
· a pair of chopsticks **젓가락 한 벌**
They use chopstick to eat rice.
그들은 밥을 먹기 위해 젓가락을 사용한다.

167) **creativity*** [kri:éitiviti] ⓜ **창의력**
Creativity is needed to produce effective advertisements.
창조성은 효과적인 광고를 만드는데 필요합니다.

168) **detail*** [dí:teil] ⓜ **세부, 세목(item)**
The artist has painted everything in great detail.
화가는 아주 세밀하게 모든 것을 그렸다.
Call me, and I will tell you more about it in detail.
저에게 전화주시면 그 일에 대해 자세히 알려드리겠습니다.

169) **festival** [féstəvəl] ⓜ **잔치; 축제**
In the past, Halloween was mainly a children's festival.
과거에, 할러윈은 주로 어린이들의 축제였다.

170) **grave**★ [greiv] ⓜ **무덤**
His grave was covered with the grass.
그의 무덤은 풀로 덮여 있었다.
A man's hobby is carried to the grave.
세 살 적 버릇이 여든까지 간다.

171) **harvest**★ [hɑ́ːrvist] ⓜ **수확, 추수**
We have had a very good harvest this year.
금년은 대풍작이었다.
All of the family members get together to celebrate a good harvest.
가족 구성원 모두 풍성한 수확을 축하하기 위하여 한 자리에 모인다.

172) **honesty**★ [ɑ́nisti] ⓜ **정직, 성실**
Here is an instance of his honesty.
여기 그의 정직함을 보여주는 한 예가 있다.

Navigation

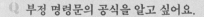

Q 부정 명령문의 공식을 알고 싶어요.

A "~하지 말아라"라는 금지의 표현인 부정명령문은 "Don't + 동사원형"의 형태로 표현합니다. 부정의 뜻을 강조할 때는 Never를 사용하기도 합니다.

Don't waste your time. 시간 낭비하지 마세요.
Don't walk on the grass. 잔디를 밟지 마세요.
Don't open the window. 창문을 열지 마세요.

173) **imagination**★ [imæ̀dʒənéiʃən] 명 **상상, 창작력**
He used his imagination to write the novel.
그는 그 소설을 쓰기 위해 상상력을 발휘했다.

174) **influence**★ [ínflu:əns] 명 **영향** 동 **영향을 주다**
The climate influences crops.
기후는 농작물에 영향을 끼친다.
Music has a strong influence on our emotions.
음악은 우리 정서에 강한 영향을 미친다.

175) **mess**★ [mes] 명 **혼란, 어수선함**
You have to clean up this mess. 정리 좀 해라.
The children kept the house in a mess.
아이들은 집을 뒤죽박죽으로 만들어 놓았다.

176) **metal**★ [métl] 명 **금속**
Metals are used for making machinery.
금속은 기계를 만드는데 사용된다.

177) **moment** [móumənt] 명 **순간, 찰나**
Can I see you in your office for a moment?
내가 너희 사무실로 찾아가 잠깐 만날 수 있겠니?

178) **movement** [mú:vmənt] 명 **운동, 활동** 동 motion
· a citizens movement **시민운동**
He led the independence movement.
그는 독립 운동을 이끌었다.

179) **mushroom**★ [mʌ́ʃrum] 명 **버섯**
Researchers have found a treatment for cancer using wild mushrooms.
연구진이 야생 버섯을 이용해 암 치료제를 발견했다.

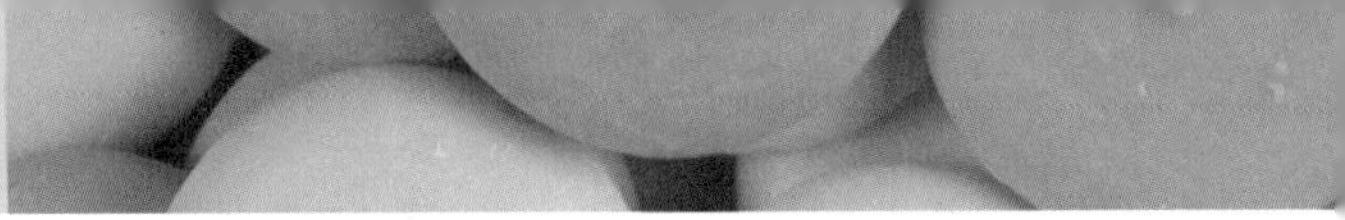

180) **policy*** [páləsi] ㊐ **정책, 방침**
I'm sorry, but we've changed our policy.
죄송합니다만 저희가 정책을 바꿨습니다.

181) **price** [prais] ㊐ **가격, 대가**
The price is too high. 가격이 너무 비싸요.

182) **reason** [ríːzən] ㊐ **이유** 동 **cause**
I know the reason why the manhole covers are round.
나는 맨홀 뚜껑이 둥근 이유를 안다.

183) **taste** [teist] ㊐ **미각; 시식; 맛보기**
Each country's ramen noodles reflect their own tastes for specific flavors.
각 나라의 라면은 독특한 맛에 대한 그들 고유의 기호를 반영한다.

184) **tip*** [tip] ㊐ **조언**
Here are safety tips when lightning occurs.
여기 번개 칠 때의 안전수칙이 있다.

185) **trick** [trik] ㊐ **묘기, 재주; 장난**
Stop playing trick on me.
나에게 장난 좀 그만 쳐라.

186) **visitor** [vízitər] ㊐ **방문자, 내객; 손님**
One visitor said, "I like their on-going projects most."
한 방문객은 "저는 진행 중인 프로젝트가 가장 마음에 들어요."라고 말했다.

187) **wheel** [hwiːl] ㊐ **바퀴**
The wheel began spinning round.
바퀴가 회전하기 시작했다.

188) **crazy** [kréizi] ⓗ **미친, 제정신이 아닌** 동 **mad**
He must be crazy to drive through the tornado.
토네이도 속에서 운전을 하다니 그는 미친 게 틀림없다.

189) **creative*** [kri:éitiv] ⓗ **창의적인, 독창적인**
The job needs some creative imagination.
그 일은 약간의 독창적인 상상력을 필요로 한다.

190) **delicious** [dilíʃəs] ⓗ **맛있는, 맛좋은**
Milk is delicious when it's cold.
우유는 차가울 때 맛있다.

191) **expensive** [ikspénsiv] ⓗ **값비싼**
· expensive clothes **값비싼 옷**
The bus fare is expensive.
버스 요금이 비싸다.

192) **fair** [fɛər] ⓗ **공평한, 공정한**
I thought the decision was very fair.
그 결정은 매우 공정했다.

193) **funny** [fʌ́ni] ⓗ **웃긴, 익살맞은**
My new classmates are all very friendly and funny.
나의 새 친구들은 모두 친절하고 재미있다.

194) **graceful*** [gréisfəl] ⓗ **우아한, 우미한** 동 **elegant**
Seals are awkward on land but graceful in the water.
바다표범은 육지에서는 꼴사납지만 물 속에서는 우아하다.

195) **important** [impɔ́:rtənt] ⓗ **중요한, 의의 있는**
It is important for students to do their homework.
학생들이 그들의 숙제를 하는 것은 중요하다.

196) **large** [lɑːrdʒ] ⓗ **큰, 넓은**
The building has a large basement.
그 건물에는 큰 지하실이 있다.

197) **less** [les] ⓗ **더 적은**
We had less rain this year than last year.
올해는 작년보다 비가 덜 왔다.

198) **loud*** [laud] ⓗ **시끄러운**
There were people who made a lot of noise, played loud music, and danced.
크게 떠드는 사람들과 시끄러운 음악을 틀고 춤을 추는 사람들이 있었다.

199) **mad** [mæd] ⓗ **미친, 성난**
I get so mad at my brother sometimes.
나 가끔 형에게 너무 화가 난다.

200) **similar** [síməlǝːr] ⓗ **유사한, 비슷한**
They are similar in every points.
그들은 모든 점에서 비슷하다.

Navigation

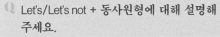

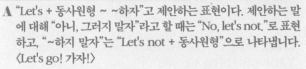

Q Let's/Let's not + **동사원형에 대해 설명해 주세요.**

A "Let's + 동사원형 ~ ~하자"고 제안하는 표현이다. 제안하는 말에 대해 "아니, 그러지 말자"라고 할 때는 "No, let's not."로 표현하고, "~하지 말자"는 "Let's not + 동사원형"으로 나타냅니다. 〈Let's go! 가자!〉

It's not far from here. Let's not take a taxi.
그곳은 여기에서 멀지 않아. 택시 타지 말자.

201) **small** [smɔːl] ㊎ **작은, 얼마 안 되는** 반 **big, large**
Put a small piece of tape on the balloon.
풍선 위에 작은 테이프 한 줄을 붙이세요.

202) **smart** [smɑːrt] ㊎ **영리한** 동 **clever**
Mary is not only beautiful, but also smart.
메리는 아름다울 뿐만 아니라 또한 재치도 있다.

203) **soft** [sɔft] ㊎ **부드러운** 반 **hard, rough**
He has a gentle smile and a soft voice.
그는 온화한 웃음과 부드러운 목소리를 지녔다.

204) **sour**★ [sáuəːr] ㊎ **시큼한, 신**
These apples are sour.
이 사과들은 시다.
Pineapples taste sweet and sour.
파인애플은 달콤하고 신 맛이 난다.

205) **terrible** [térəbəl] ㊎ **무서운, 심한**
I dreamt a terrible dream.
나는 무서운 꿈을 꾸었다.
I've had a terrible headache for weeks.
몇 주째 심한 두통이 있었다.

206) **thin** [θin] ㊎ **얇은, 두껍지 않은, 가는**
The ice seems too thin to skate on.
얼음이 너무 얇아 스케이트를 탈 수 없을 것 같아요.

207) **bring** [briŋ] ㊍ **가져오다 (bring - brought - brought)**
When can I bring it to you?
언제 네게 그것을 가져다 줄까?
Bring him a pencil sharpener. 그에게 연필깎이를 갖다 주어라.

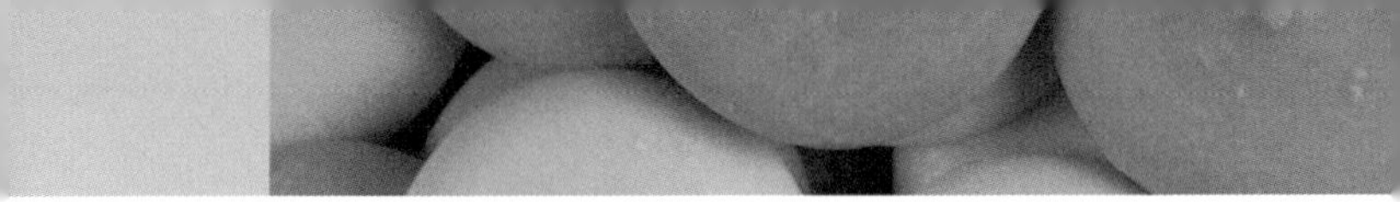

208) **carry** [kǽri] 동 **운반하다**
Could you carry this box to my car?
이 상자를 제 차까지 좀 들어다 주시겠어요?

209) **choose** [tʃuːz] 동 **고르다, 선택하다**
Listen to each dialog and choose the appropriate advice.
각 대화를 듣고, 적절한 충고를 고르세요.

210) **gather** [gǽðər] 동 **모이다, 모으다** 반 scatter
Pick up and gather plastics and paper bags.
플라스틱 제품 혹은 종이 봉투 주워서 모아라.

211) **hide** [haid] 동 **숨기다, 숨다** (hide - hid - hidden)
She could not hide her joy that everyone was safe.
모두가 무사하다는 소식에 그녀는 기쁨을 감추지 못했다.

212) **imagine** [imǽdʒin] 동 **상상하다**(conceive)
Imagine the greenhouse in a farmland.
농장에 있는 온실을 상상해 보자.

213) **mention*** [ménʃən] 동 **말하다, ~에 언급하다**
She was determined to make no mention of this.
그녀는 이 일에 대해 아무 말도 않기로 굳게 결심했다.

214) **repair*** [ripɛ́əːr] 동 **고치다, 수리하다** 동 mend
Did you repair your car? 차는 수리했니?
He took the clock apart to repair it.
그는 시계를 고치려고 분해했다.

215) **surprise** [sərpráiz] 동 **(깜짝) 놀라게 하다**
I am going to surprise my friends!
친구들을 깜짝 놀라게 해 줘야지!

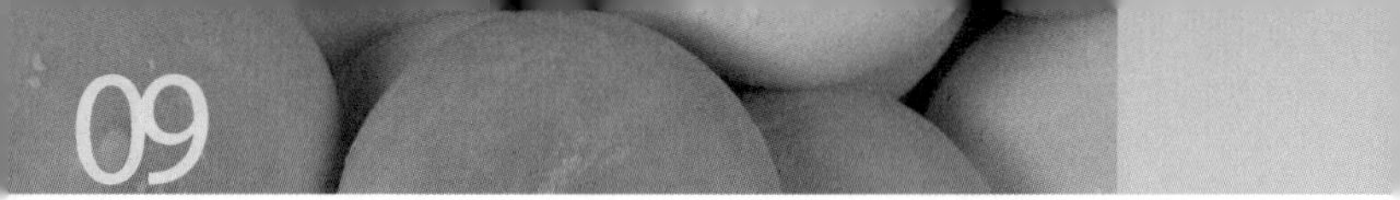

216) **treat*** [triːt] (동) **다루다, 대우하다; 치료하다**
Hospitals are equipped to treat every kind of illness.
병원은 모든 종류의 병을 치료할 수 있도록 갖추어져 있다.
Ukrainian men treat women very formally.
우크라이나 남자들은 여자들을 매우 정중하다.

217) **anymore** [ènimɔ́ːr] (부) **이제는, 더 이상**
I can't read the book anymore because of my headache.
나는 두통 때문에 책을 더 이상 읽을 수가 없다.

218) **behind** [biháind] (부)(전) **~뒤에** (반) **before**
A wolf appeared behind a tree.
늑대 한 마리가 나무 뒤에서 나타났다.

219) **carefully*** [kɛ́ərfəli] (부) **주의 깊게**
Fold the paper in half again and press it together carefully.
그 종이를 반으로 다시 접고 조심스럽게 눌러 주세요.

220) **quite** [kwait] (부) **완전히, 아주**
The campaign had made quite an impact on young people.
그 운동은 젊은이들에게 꽤 영향을 주었다.

221) **suddenly** [sʌ́dnli] (부) **갑자기, 불시에**
Suddenly, I lost my balance and fell down.
갑자기, 나는 균형을 잃고 떨어졌다.

222) **without** [wiðáut] (전) **~없이, ~이 없는**
Without trees, we cannot breathe fresh air.
나무 없이는 우리는 신선한 공기를 숨쉴 수 없다.
We were without electricity for three hours but it's on again now. 우리가 세 시간 동안 전기 없이 지냈는데 이제 다시 전기가 들어왔다..

223) **be similar to** ~와 비슷하다

Hares are similar to rabbits.
산토끼는 토끼와 비슷하다.

224) **get together** 모으다, 만나다

On Thanksgiving Day, most American people get together with their family members.
추수 감사절에 대부분의 미국인들은 그들의 가족과 함께 한다.

225) **similar to ~** ~와 비슷한게

Similar to the sun, the human body also produces heat.
태양과 비슷하게 인간의 몸도 열을 발생시킨다.

Navigation

Q 4형식에서 3형식으로 전환할 때 전치사 for를 동반하는 동사를 알려주세요?

A make가 "만들어 주다"의 의미로 쓰일 때는 만들어 주는 대상 앞에 전치사 for를 씁니다. buy도 마찬가지로 전치사 for를 동반합니다.

She made me a cake. 〈4형식〉
= She made a cake for me. 〈3형식〉
그녀가 나에게 케이크를 만들어 주었다.

Clouds are usually white or grey in colour.

People are men, women, and children. People is normally used as the plural of person, instead of 'persons'.

*plural [plúərəl] 복수의

A brand of a product is the version of it that is made by one particular manufacturer.

If something is behind a thing or person, it is on the other side of them from you, or nearer their back rather than their front.

Influence is the power to make other people agree with your opinions or do what you want.

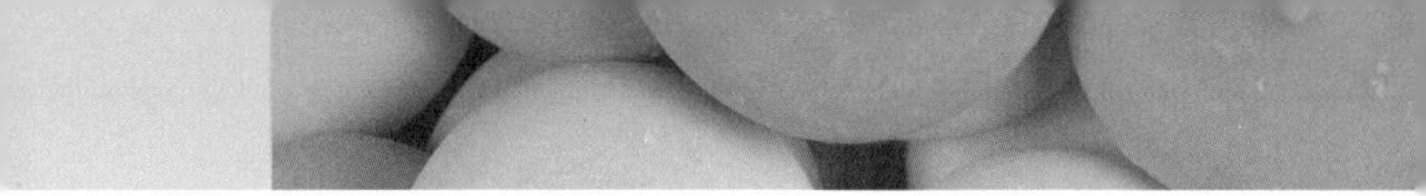

Communication Function

You'd better hurry when you have an appointment.
약속이 있을 때는 서두르는 게 좋다.

After finishing exercise, I was very thirsty.
운동을 끝낸 뒤에 나는 너무 목이 말랐다.

1) "when ~할 때"의 뜻으로 시간을 나타내는 접속사이다.
The children go home when the sun goes down.
해가 지면 아이들은 집으로 돌아간다.

2) while(~동안; 반면에), before(~전에), after(~후에) 등이 있다.
While he was driving, he hit on a new idea.
그가 운전을 하는 동안 새로운 아이디어가 떠올랐다.

Try It Again

다음 빈 칸에 알맞은 말을 쓰시오.

1. Listening to music may not be helpful ________ you study.
2. We should think about possible dangers ________ we act.
3. She left here a week ________ he had gone.
4. What did you do ________ you were coming to school?
5. The children go home ________ the sun goes down.

bowl [boul] 명 사발, 탕기

drawing* [drɔ́ːiŋ] 명 그림

foreigner [fɔ́rinər] 명 외국인

gallery [gǽləri] 명 화랑

health [helθ] 명 건강

hero [hírou] 명 영웅; 위인

holiday [hálədèi] 명 휴일

life [laif] 명 생명; 삶

meal* [miːl] 명 식사

meat [miːt] 명 고기

mug [mʌg] 명 원통형 찻잔

peanut [píːnʌt] 명 땅콩

pine [pain] 명 소나무

place* [pleis] 명 장소, 곳

plant [plænt] 명 식물, 초목

order* [ɔ́ːrdər] 명 순서, 명령

rice [rais] 명 쌀; 밥; 벼

role* [roul] 명 배역, 규칙

rule* [ruːl] 명 규칙, 규정; 법칙

share* [ʃɛər] 명 몫; 배당 몫

square [skwɛərr] 명 정사각형

stair* [stɛər] 명 계단

style [stail] 명 방법, 문체

wood [wud] 명 나무, 목재

another [ənʌ́ðər] 형 또 하나의

amazing [əméiziŋ] 형 놀랄 정도의

both [bouθ] 형 양쪽의

bright* [brait] 형 빛나는

free* [friː] 형 자유로운, 무료의

healthy* [hélθi] 형 건강한

late [leit] 형 늦은

other [ʌ́ðər] 형 그 밖의, 다른

oval* [óuvəl] 형 타원형의

plastic [plǽstik] 형 플라스틱의

simple [símpəl] 형 단순한

short [ʃɔːrt] 형 짧은

straight* [streit] 형 똑바로의

strange* [streindʒ] 형 이상한

bake* [beik] ⓢ 굽다

enjoy [endʒɔ́i] ⓢ 즐기다

happen [hǽpən] ⓢ 일어나다

move [mu:v] ⓢ 움직이다

either* [í:ðər] 부형 ~도 또한

of all colors* 온갖 색깔의

classical music 고전음악

around the world 전 세계의

for every meal* 끼니마다

believe [bilí:v] ⓢ 믿다

fry [frai] ⓢ (기름으로) 튀기다

mean* [mi:n] ⓢ 의미하다

spend* [spend] ⓢ 쓰다

later* [léitə:r] 부 뒤에, 나중에

junk food* 즉석식품

lots of* 많은

as you know* 알다시피

hand in hand* 손에 손을 잡고

Try It Again 쪽지 시험

A 다음 주어진 단어의 뜻을 쓰시오.

avenue ________ metal ________ loud ________

harvest ________ reasone ________ sour ________

B 우리말을 주어진 철자로 시작는 단어를 쓰시오.

행동 - b________ 창의적인 - c________

1. 다음 중 비슷한 말끼리 연결된 것은?

① less-more ② smart-stupid
③ soft-rough ④ similar-different
⑤ graceful-elegant

2. 다음 두 단어의 관계가 나머지 넷과 다른 것은?

① crazy-mad ② avenue-road
③ behavior-act ④ reason-cause
⑤ sour-sweet

3. 다음 중 우리말과 영어가 같은 뜻으로 연결되지 않은 것은?

① imagine-상상하다
② mention-운동, 활동
③ creative-창의적인
④ mess-혼란, 어수선함
⑤ influence-영향

4. 다음 빈칸에 들어갈 알맞은 것을 고르시오.

I cannot give you a refund __________ the receipt.

① without ② behind ③ anymore
④ suddenly ⑤ carefully

[5-6] 다음 우리말과 일치하도록 빈 칸에 알맞은 말을 쓰시오.

5. 다른 사람들을 난폭하게 다루지 말아라.
Don't __________ others wildly.

6. 나는 맛있는 음식을 많이 먹을 수 있고, 친척들을 만날 수 있어서 설날이 좋다.
I like New Year's day because I can eat many delicious food and ________ with my relatives.

7. 다음 설명에 해당하는 단어는?

the usual way of doing something

① brand ② custom ③ harvest
④ festival ⑤ amusement

8. 다음 빈칸에 공통으로 들어갈 말로 알맞은 것은?

Colors ________ upon emotions.
Don't let me ___________ your decision.
Moonlight has considerable _____________ on the activities on insects at night.

① detail ② metal ③ imagination
④ influence ⑤ movement

Cartoon

만화보고 단어 외우고

without [wiðáut] 전 ~없이, ~이 없는

accident [ǽksidənt] 명 사고, 재난

Term-End Examination

10 꼭 암기할 핵심 단어·숙어

11 꼭 암기할 핵심 단어·숙어

12 꼭 암기할 핵심 단어·숙어

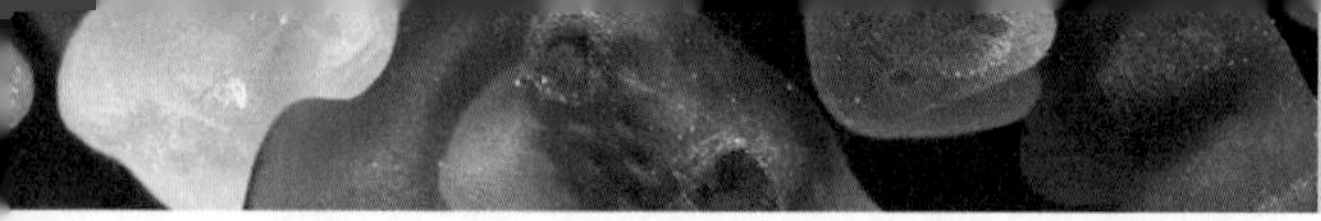

001) **dinosaur** [dáinəsɔ̀ːr] 명 **공룡**
Dinosaurs became extinct 65 million years ago.
공룡은 6,500만년 전에 멸종되었다.

002) **form**★ [fɔːrm] 명 **모양, 형상, 외형** 동 pattern
She dislikes any form of exercise.
그녀는 어떤 형태의 운동이든 싫어한다.

003) **gathering**★ [gǽðəriŋ] 명 **모임, 회합**
· a large gathering of people **많은 사람들의 모임**
I don't want to get in the way during your family gathering.
가족들 모임에 내가 끼는 것이 좀 그렇다.

004) **guest** [gest] 명 **손님; 특별 출연자** 동 visitor
Our special guest is Sharon Stone.
우리가 모실 특별 초대 손님은 샤론 스톤입니다.

005) **mask** [mæsk] 명 **탈; 복면, 가면**
An actor wearing a mask represents a character.
가면을 쓴 배우는 한 등장 인물을 나타낸다.

006) **mess** [mes] 명 **어수선함, 혼란**
The children kept the house in a mess.
아이들은 집을 뒤죽박죽으로 만들어 놓았다.

007) **owner** [óunər] 명 **임자, 소유자**
He's the owner of the arbor on the shore of the lake.
그는 호수 물가에 있는 통나무집의 주인이다.

008) **zoo** [zuː] 명 **동물원**
I really enjoyed going to the zoo last week.
지난주에 동물원에 간 것이 정말 즐거웠다.

009) **afraid** [əfréid] ⓗ **두려워하는, 무서워하는**
Many people are afraid of snakes.
많은 사람들은 뱀을 무서워한다.

010) **clever** [klévər] ⓗ **똑똑한, 영리한(bright)**
A clever boy learns fast.
영리한 아이는 빨리 배운다.

011) **final** [fáinəl] ⓗ **마지막의, 최종의, 궁극적인(ultimate)**
Final exams are in two weeks, so I should go to the library and study.
기말시험이 2주후에 있어서, 도서관에 가서 공부해야 한다.

012) **impossible** [impásəbəl] ⓗ **불가능한, ~할 수 없는**
It is impossible to escape from an airplane.
비행기에서 탈출하는 일은 불가능하다.

013) **mad** [mæd] ⓗ **미친; 성난, 골난**
You make me so angry! I'm as mad as a hatter.
자네는 정말 나를 화나게 하는군! 정말 화가 난단 말이야.

Navigation

Q 현재 진행형의 공식을 알고 싶어요.

A 현재 진행형은 지금 현재 진행 중인 동작을 말할 때 쓰이며 현재 진행형의 형태는 'be동사 + 동사~ing'입니다.

A: What are you doing now? 지금 뭐하고 있니?
B: I'm making a card. 카드를 만들고 있어.
He is playing the violin now.
그는 지금 바이올린을 연주하고 있다.

014) **achieve** [ətʃíːv] 동 **이루다** 동 accomplish

You can't achieve everything overnight.
하룻밤에 모든 것을 이룰 수는 없다.

015) **borrow** [bárrou] 동 **빌리다** [cf.] lend, loan, rent

That sounds interesting. Could I borrow the book?
흥미로운 이야기구나. 나 좀 빌려줄 수 있겠니?

016) **decide** [disáid] 동 **결심하다, 결정하다**

We decide what we must do and must not.
우리가 무엇을 해야 할 것이고 하지 말아야 할 것을 결정한다.

017) **invent** [invént] 동 **발명하다, 고안하다, 창안하다**

No one knows when the telescope was invented.
망원경이 언제 발명되었는지 아는 사람은 아무도 없다.

018) **keep** [kiːp] 동 **계속하다, 지키다** (keep - kept - kept)

Goalies need to keep the balls away from the goal.
골키퍼는 공이 골에 못 들어오게 해야한다.

019) **lend** [lend] 동 **빌리다, 빌려주다**

Please lend me one. 하나 빌려 줄래.
I'm short of money this week. Can you lend me some?
이번 주에는 돈이 모자란다. 내게 좀 빌려 주겠니?

020) **travel** [trǽvəl] 동 **여행하다**

My plan is to travel in the country.
내 계획은 시골을 여행하는 것이다.

021) **be afraid of** **~을 두려워하다**

I was afraid of dogs when they bark.
나는 강아지가 짖을 때 무서웠다.

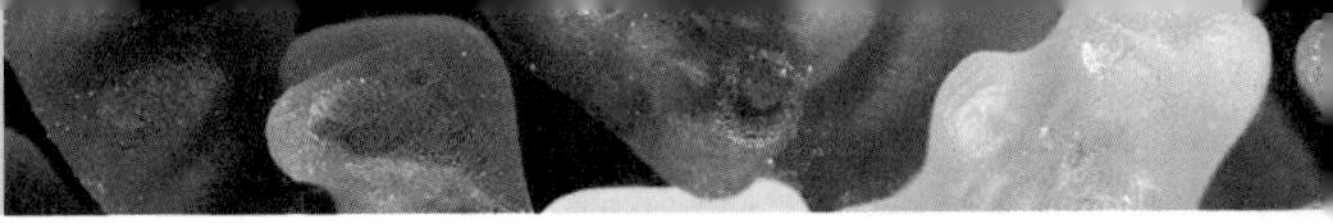

022) **be interested in** ~에 흥미가 있다
Are you interested in baseball? 야구에 관심이 있니?

023) **cut down ~** ~을 베다
The trees are being cut down. 나무들이 베어지고 있다.
An axe is a tool used to cut down trees.
도끼는 나무를 자르는 데 사용되는 도구이다.

024) **go away** 사라지다
If the sun shines, dew goes away.
태양이 빛나면 이슬은 사라진다.

025) **live in** ..살다
I want to live in a world without disease.
나는 질병이 없는 세상에서 살기를 원한다.

026) **most of all** 무엇보다도
Most of all, he dedicated his life to working for Indian independence from Britain.
무엇보다도 그는 인도를 영국으로부터 독립시키기 위해 삶을 헌신했다.

027) **stay in bed** 침대에 누워 있다
You'd better go home and stay in bed. It's really good to get a lot of rest.
집에 가서 눕는 게 좋겠다. 충분한 휴식을 하는 것이 정말 좋다.

028) **take care of ~** ~을 돌보다
Do you know how to take care of yourself?
자기 자신을 돌보는 방법을 알고 있나요?
He is too young to take care of himself.
그는 너무 어려서 제 몸도 돌보지 못한다.

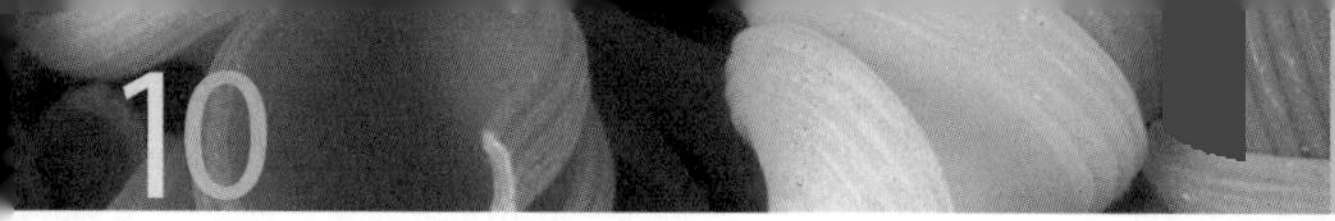

029) **alarm**★ [əlɑ́ːrm] (명) **경보; 자명종**
I don't know how to set the alarm.
알람을 어떻게 설정하는지 모르겠다.

030) **cell**★ [sel] (명) **세포**
Plants cells work like pipes.
식물의 세포는 파이프와 같은 역할을 한다.

031) **coin** [kɔin] (명) **동전**
How long did it take you to collect those coins?
그 만큼 동전을 수집하는 데 얼마나 걸렸니?

032) **environment**★ [inváiərənmənt] (명) **환경**
We must preserve the environment.
우리는 환경을 보존해야만 한다.

033) **experience** [ikspíəriəns] (명) **경험** (동) **경험하다**
It was a valuable experience for me.
그것은 나에게 값진 경험이었다.

034) **fare**★ [fɛər] (명) **운임, 찻삯, 뱃삯** [동] **price**
What's the one-way fare? 편도 요금이 얼마입니까?

035) **folk** [fouk] (명) **민속 음악** (형) **서민의, 민속의**
A few students will sing folk songs.
몇몇 학생들은 민요를 노래할 것이다.
Pansori is a kind of folk play.
판소리는 민속극의 일종이다.

036) **fuel**★ [fjúːəl] (명) **연료**
We keep a large store of fuel.
우리는 연료를 많이 비축하고 있다.

037) **insect** [ínsekt] ㊔ **곤충, 벌레**
Spiders spin webs to catch insects.
거미는 벌레를 잡기 위해 거미집을 짓는다.

038) **luck** [lʌk] ㊔ **운(chance), 운수** ㊍ **fortune**
They considered a broken mirror a sign of bad luck.
그들은 깨진 거울은 불운의 상징이라고 생각했다.

039) **mind** [maind] ㊔ **마음, 정신**
The function of education is to develop the mind.
교육의 기능은 정신을 계발하는 것이다.

040) **mystery** [místəri] ㊔ **신비, 불가사의, 비밀**
The detective solved the mystery.
그 탐정은 미스터리를 해결했다.

041) **novelist** [nάvəlist] ㊔ **소설가**
A British novelist Jane Austen lived from 1775 to 1817.
영국의 소설가인 제인 오스틴은 1775년부터 1817년까지 살았다.

Navigation

Q something **뒤에 형용사를 쓰나요, 아니면 앞에 쓰나요?**

A something, nothing, anything **등은 형용사가 뒤에 놓입니다.**

I feel cold. Give me something hot to drink.
추운데, 뜨거운 마실 것 좀 주세요.

Did you learn anything new at school?
학교에서 뭔가 새로운 것을 배웠니?

042) **order** [ɔ́ːrdər] ㊔ **순서, 명령** ㊠ **주문하다**
Would you order the main dish in advance?
음식을 미리 주문하시겠어요?

043) **path** [pæθ] ㊔ **길, 통로** ㊠ road
There were many paths in the forest.
숲에는 많은 길이 나 있었다.

044) **person** [pə́ːrsən] ㊔ **(개인으로서의) 사람, 인간**
The person who first reaches the finish line is the winner.
결승선에 먼저 도착하는 사람이 승자가 된다.

045) **rest room** [restrum] ㊔ **휴게실; 화장실**
After several drinks, one of the men had to use the rest room. 몇 번 음료를 마신 후 그 남자들 중에 한 명은 화장실에 갔다.

046) **source**★ [sɔːrs] ㊔ **수원지, 원천; 근원**
Greece is the source of European cultures.
그리스는 유럽 문화의 근원이다.

047) **teamwork**★ [tíːmwə̀ːrk] ㊔ **팀워크, 협력**
Soccer requires teamwork more than individual skill.
축구는 개인기보다 팀워크를 더 필요로 한다.

048) **certain** [sə́ːrtən] ㊞ **확신하는, 확실한**
· for certain **확실히, 확신을 가지고**
Make certain all windows are closed.
모든 유리창문을 닫는 것을 확실히 해라.

049) **classical**★ [klǽsikəl] ㊞ **고전적인, 정통파의**
Classical music has a long and interesting history.
고전 음악은 길고 재미있는 역사를 가지고 있다.

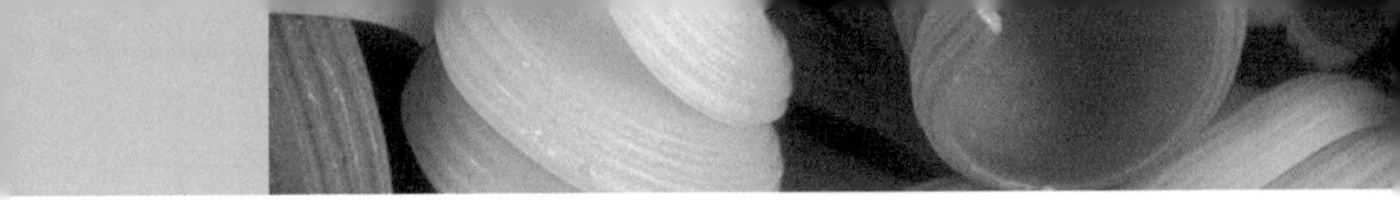

050) **crazy** [kréizi] (형) **미친, 미치광이의** [동] **mad**
The crazy man stood on the subway screaming nonsense.
그 미친 사람은 지하도에 서서 무의미한 말을 외치며 서 있었다.

051) **foreign** [fɔ́rin] (형) **외국의**
In the future, I'd like to work in a foreign country.
나는 장래에 외국에서 일을 하고 싶다.

052) **refreshed*** [rifréʃid] (형) **상쾌한**
The secrets are regularly refreshed.
그 비밀들은 정기적으로 새롭게 바뀐다.

053) **secret** [síːkrit] (형) **비밀의; 은밀한**
Please enter your secret code.
비밀 번호를 입력해 주세요.
He thought a lot about his secret project.
그는 자신의 비밀 계획에 대하여 많이 생각했다.

054) **terrible** [térəbəl] (형) **무서운, 가공할, 소름끼치는**
This type of punishment is very terrible.
이런 형태의 체벌은 매우 끔찍하다.

055) **unique*** [juːníːk] (형) **독특한** [동] **only, single**
Egyptian art was very beautiful and unique.
이집트 예술은 매우 아름답고 독특했다.

056) **attack*** [ətǽk] (동) **공격하다**
The cat attacked the mouse.
고양이가 쥐에게 덤벼들었다.

057) **beat** [biːt] (동) **치다; 이기다**
I beat my head against the wall. 벽에 머리를 부딪혔다.

058) **bother*** [báðəːr] ⓢ **~을 괴롭히다**
Don't bother about breakfast.
아침 식사는 신경쓰지 마세요.
I'm sorry to bother you, but would you mind going with us?
귀찮으시겠지만 우리와 함께 가주실 수 있겠습니까?

059) **disappear*** [dìsəpíər] ⓢ **사라지다** 반 appear
The child disappeared from his home around 4 o'clock.
그 아이는 4시경에 집에서 없어졌다.

060) **explode*** [iksplóud] ⓢ **폭발하다**
The gas can explode if It meets a flame.
가스는 불꽃을 만나면 폭발할 수 있다.

061) **lie** [lai] ⓢ **눕다** ⓜ **거짓말 (lie - lay - lain)**
He is too honest to tell a lie.
그는 너무 정직해서 거짓말을 못한다.

062) **raise** [reiz] ⓢ **올리다; 일으키다**
Raise your right hand, then your elbow, and touch your back.
오른쪽 손을 올리고, 그리고서 팔꿈치를 올려서 등을 만지세요.

063) **repair** [ripέəːr] ⓢ **수리하다, 수선하다** 동 mend
If you like to ask for a repair, press "three" now.
수리를 요청하고 싶으면 "3"번을 누르세요.

064) **steal** [stiːl] ⓢ **훔치다 (steal - stole - stolen)**
Watson, you idiot, somebody stole our tent!
Watson, 이 바보야. 누군가가 우리 텐트를 훔쳐 갔다고!

065) **train** [trein] ⓢ **가르치다, 교육하다; 훈련하다**
Today dogs are being trained in many ways.
오늘날 개들은 많은 방법으로 훈련을 받고 있다.

066) **either** [iːðər] 부 **~도 또한**

I didn't hear the news, either.
저도 또한 그 소식을 듣지 못했어요.

067) **forth** [fɔːrθ] 부 **앞으로; 전방으로**

Players use their hands to hit a ball back and forth over the net.
선수들은 손을 이용해 네트 너머로 앞뒤로 공을 때린다.

068) **twice** [twais] 부 **2회; 두 번; 2배로**

The length of this box is twice its breadth.
이 상자의 길이는 폭의 두 배가 된다.

I read it twice. It's very interesting.
그 책 두 번 읽었어. 매우 재미있다.

069) **at least 최소한**

I usually walk for at least 30 minutes.
최소한 30분은 걸어.

Please check in at least 30 minutes before departure time.
최소한 출발시간 30분 이전에 오셔서 탑승권을 받으세요.

Navigation

Q several에 대해 설명 좀 해주세요.

A several(몇몇의, 몇 개의)은 보통 대여섯 정도를 말하며, a few보다 많고 many보다는 적은 "수"를 가리킬 때 사용합니다.

I have been there several times.
몇 번인가 거기 가 본 적이 있다.

He didn't call her for several days.
그는 그녀에게 며칠 동안 전화를 하지 않았다.

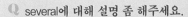

070) **in many ways 여러 가지 면에서**

Forests are important to us in many ways.
숲은 우리에게 여러 가지로 중요하다.

071) **between A and B A와 B사이**

You mean between the piano and the TV set.
피아노와 TV셋 사이 말이지.

072) **burn out 다 타버리다**

One of the lights in my office has burned out.
사무실 전구 하나가 끊어졌어요.

073) **go mad 화가 나다**

She went nearly mad with grief after the child died.
그녀는 그 아이가 죽은 후 슬픔으로 거의 미치다시피 했다.

074) **have a cold 감기에 걸리다**

Not so good. I have a bad cold.
별로 안 좋아. 독감에 걸렸다.

075) **put ~ in order ~을 정돈하다**

Put your things in order, please.
자네 물건들을 정돈 좀 해줘라.

076) **spend money on 에 돈을 쓰다**

It's not a good idea to spend so much money on computer games.
컴퓨터 게임에 너무 많은 돈을 허비하는 것은 좋은 생각이 아니다.

077) **take a shower 샤워를 하다**

I'll watch TV after I take a shower.
나는 샤워를 한 다음에 TV를 볼 것이다.

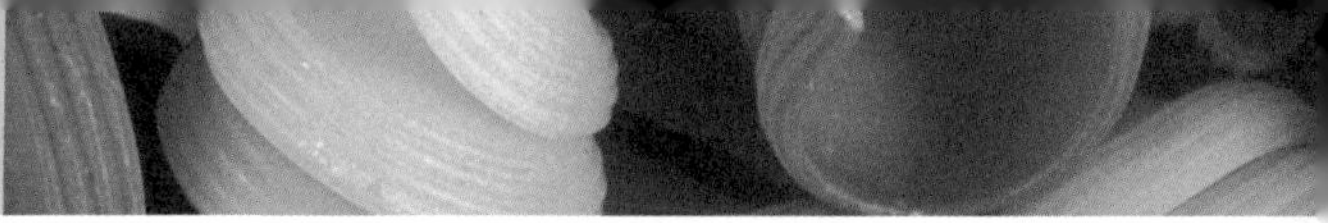

Communication Function

Wear a coat, and you'll warmer.
코트를 입어라, 그러면 따뜻해질 것이다.

Run, or you'll be late for school.
달려라, 그렇지 않으면 학교에 지각할 것이다.

1) **"명령문 + and~: ~해라, 그러면 ~일 것이다."라는 의미로 "If~구문"으로 바꾸어 쓸 수 있다.**
Take a rest and you'll feel better.
= If you take a rest, you'll feel better.
휴식을 취해라, 그러면 기분이 좋아질 것이다.

2) **"명령문 + or~: ~해라, 그렇지 않으면 ~일 것이다"라는 의미로 "If not ~구문"으로 바꾸어 쓸 수 있다.**

Try It Again

다음 빈 칸에 알맞은 말을 쓰시오.

1. Wear a coat, and you'll warmer.
= ______________________, you'll warmer.
2. Work hard, or you will fail.
= ______________________, you will fail.
3. Go to bed now, or you won't wake up at 7.
= ______________________, you won't wake up at 7.

battery★ [bǽtəri] 명 전지

cost★ [kɔst] 명 원가;비용

daughter [dɔ́:tər] 명 딸

dish [diʃ] 명 접시, 음식

dream [dri:m] 명 꿈

fax [fæks] 명 팩시밀리

guide★ [gaid] 명 안내자

hope★ [houp] 명 희망

iguana [igwɑ́:nə] 명 이구아나

cash★ [kæʃ] 명 현금, 현찰

country [kʌ́ntri] 명 나라

director★ [diréktər] 명 연출가

doorbell [dɔ́:rbèl] 명 현관의 벨

eyebrow★ [aibràu] 명 눈썹

goal [goul] 명 골, 결승점

hip-hop [hîphɑ̀p] 명 힙합

front [frʌnt] 명 앞, 정면

mountain [máuntən] 명 산

music [mjú:zik] 명 음악

pilot [páilət] 명 조종사

rap★ [ræp] 명 톡톡 두드림

sky [skai] 명 하늘

song [sɔŋ] 명 노래, 창가

story [stɔ́:ri] 명 이야기

weather★ [wéðə:r] 명 날씨

busy [bízi] 형 바쁜

excellent★ [éksələnt] 형 우수한

painting★ [peintiŋ] 명 그림

pop [pɑp] 명 대중 음악

shower [ʃáuə:r] 명 샤워

smoke [smouk] 명 연기

space [speis] 명 우주; 공간

village [vílidʒ] 명 마을

afraid★ [əfréid] 형 두려워하는

common★ [kɔ́mən] 형 평범한

false★ [fɔ:ls] 형 그릇된, 틀린

important★ [impɔ́:rtənt] 형 중요한, 의의 있는

baby sit [béibisìt] ⓢ 아이를 보다

spend* [spend] ⓢ 소비하다

classical music 고전음악

school supplies* 학용품

for the first time* 처음으로

in a terrible mess 난장판인다

take a break* 휴식을 취하다

laugh* [læf] ⓢ 웃다

tie* [tai] ⓢ 묶다, 매다

piggy bank 돼지 저금통

for herself 그녀 스스로

for sure 확실히

need a rest 휴식이 필요하다

work too much* 과로하다

Try It Again 쪽지 시험

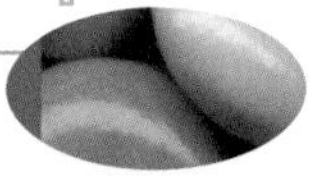

A 다음 주어진 단어의 뜻을 쓰시오.

source ________ insect ________ unique ________

explode ________ bother ________ certain ________

B 우리말을 주어진 철자로 시작는 단어를 쓰시오.

경험 - e________ 사라지다 - d________

1. 다음 두 단어의 관계가 나머지 넷과 다른 것은?

① fare-price ② form-pattern
③ guest-visitor ④ secret-public
⑤ achieve-accomplish

2. 다음 중 원형과 과거가 잘못 연결된 것은?

① steal-stole ② lie-lied
③ give-gave ④ put-put
⑤ raise-raised

3. 다음 중 우리말과 영어가 같은 뜻으로 연결되지 않은 것은?

① fuel-연료
② source-원천, 근원
③ path-길, 통로
④ experiment-경험
⑤ environment-환경

4. 다음 빈칸에 들어갈 알맞은 것을 고르시오.

Have you had any musical ______________ before?

① experience ② certain ③ mind
④ classical ⑤ gathering

[5-6] 다음 우리말과 일치하도록 빈 칸에 알맞은 말을 쓰시오.

5. 네 차와 앞 차의 간격을 어느 정도 유지해라.

Keep some space ______ your car and the car ahead.

6. 교통 수단의 발달로, 세계는 하루 안에 어디든 충분히 여행할 수 있을 정도로 작아졌다.

With the development of transportation, the world is small __________ to travel anywhere in one day.

7. 다음 설명에 해당하는 단어는?

to become impossible to see or find

① train ② bother ③ disappear
④ repair ⑤ explode

8. 다음 빈칸에 들어갈 알맞은 것을 고르시오.

"What are you doing?" asked the crane. "Don't be angry," replied the crow. "I'm just trying to ______ to walk like you." "Foolish bird!" said the crane. "You're a crow. Walk like a crow!" The crow didn't listen to the crane's advice.

① invent ② learn ③ decide
④ forget ⑤ lend

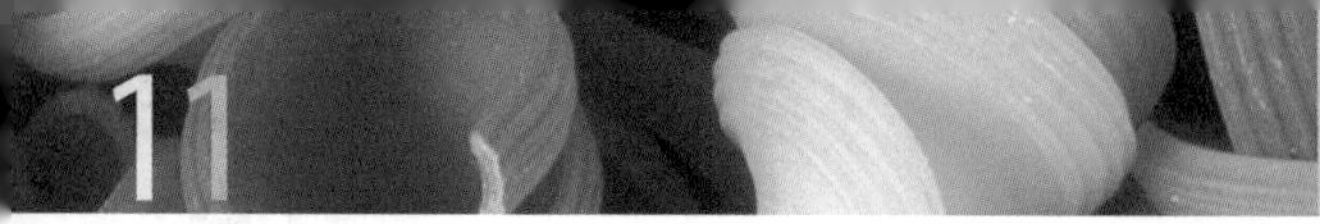

078) **bow★** [bou] 명 활; 활의 사수
They hunted with bows and arrows.
그들은 활과 화살로 사냥했다.
Koreans bow to each other when they meet for the first time.
한국인은 처음 만났을 때 서로 머리 숙여 인사한다.

079) **celebration★** [sèləbréiʃən] 명 축하; 축전, 의식
His celebration pleased me very much.
그의 축하는 나를 매우 기쁘게 했다.
Halloween has become a popular family celebration in America.
미국에서 핼러윈은 인기 있는 가족 축제로 자리 잡았다.

080) **crocodile★** [krákədàil] 명 악어; 악어가죽
Elephants are more precious than crocodiles.
코끼리가 악어보다 더 귀하다.

081) **envelope** [énvəlòup] 명 봉투
I put the pieces into an envelope and took it to Dad.
나는 그 조각들을 봉투에 넣어 아버지께 가져다 드렸다.

082) **favor★** [féivər] 명 호의, 친절
It was meant as a favor. 그것은 호의로 한 것이었다.

083) **handle** [hǽndl] 명 손잡이, 핸들
Twist the handle to the right, and the box will open.
오른쪽으로 손잡이를 돌려라, 그러면 상자가 열릴 것이다.

084) **kin★** [kin] 명 친족, 친척, 일가(relatives)
The form must be signed by next of kin.
그 서류는 가장 가까운 친척이 서명을 해야 합니다.

085) **land** [lænd] ⓜ **육지** ⓑ **sea, water**
A long time ago there lived an old farmer who wanted to own more land.
옛날에 더 많은 땅을 갖기를 원했던 늙은 농부가 살고 있었다.

086) **master** [mǽstəːr] ⓜ **주인**
The tall man is master in his own house.
그 키 큰 남자가 집주인이다.

087) **midnight** [mídnàit] ⓜ **한밤중, 밤12시**
The subway stopped running at midnight.
지하철이 자정에 운행을 중단했다.

088) **rain forest** [reinfɔ́rist] ⓜ **열대 다우림**
The tropical rain forests contain more than half of the earth's botanical species.
열대 우림에는 지구상의 식물종 가운데 절반 이상이 있다.

089) **sponsor** [spɑ́nsəːr] ⓜ **보증인; 후원자**
How is the search for sponsors coming along?
스폰서 찾는 일은 어떻게 되고 있어요?

Navigation

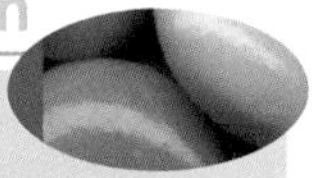

Q should + **동사원형과 바꾸어 쓸 수 있는 것을 알려 주세요.**

A 'should + **동사원형 ~해야 한다'는 의미로 의무나 당연을 나타내며,** 'ought to'**로 바꾸어 쓸 수 있습니다.** 'ought to'**의 부정형은** 'ought not to'**로 사용합니다.**

You should babysit your brother today.
= You ought to babysit your brother today.
너는 오늘 너의 남동생을 돌봐야 된다.

090) **tidings**★ [táidiŋz] ㊔ **기별, 소식**
At the glad tidings he was beside himself with joy.
희소식을 듣고 그는 좋아 날뛰었다.

091) **upside**★ [ʌ́psàid] ㊔ **상부, 윗면, 위쪽**
The cart was upside down on a pile of leaves.
나뭇잎 더미 위로 수레가 뒤집혀 있었다.

092) **wing**★ [wiŋ] ㊔ **날개**
Moths have less brightly colored wings than butterflies.
나방은 나비보다 날개 색깔이 덜 밝다.

093) **merry** [méri] ㊒ **명랑한, 유쾌한**
I was in no mood to make merry.
나는 유쾌하게 떠들고 놀 기분이 나지 않았다.

094) **bake** [beik] ㊍ **굽다**
Let's bake bread in an oven. 오븐에다 빵을 굽자.

095) **climb** [klaim] ㊍ **오르다, 등반하다**
She climbed to the top of the tree.
그녀는 나무 꼭대기로 올라갔다.
I'm too tired to climb. 난 너무 피곤해서 올나갈 수 없다.

096) **celebrate**★ [séləbrèit] ㊍ **경축하다**
Americans now celebrate this on the fourth Thursday in November.
미국인들은 지금은 11월 네 번째 목요일에 이것을 축하한다.

097) **prepare** [pripέər] ㊍ **준비하다, 채비하다**
You should prepare the project work.
여러분은 수행 평가준비를 해야 합니다.

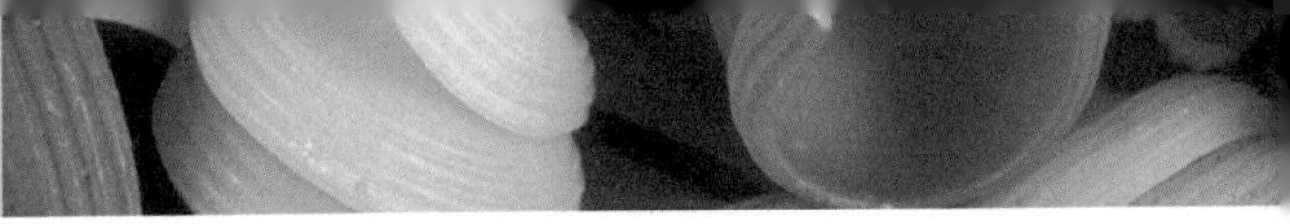

098) **strike**★ [straik] ⓢ **치다, 두드리다, 때리다**
He struck me in the jaw. 그는 내 턱을 쳤다.
The ship might strike a rock in this storm.
배는 이 폭풍으로 바위에 부딪칠지도 모른다.

099) **thus** [ðʌs] ⓑ **이렇게, 이런 식으로; 그래서, 따라서**
Thus they get a lot of exercise in their daily work.
따라서 그들은 매일 일하면서 많이 운동을 한다.

100) **be made up of** **~로 이루어져 있다**
One team is made up of 6 players.
한 팀은 6명으로 구성되어 있다.
The service team was made up of a nurse, a doctor, an engineer, and a pilot.
그 의료진은 간호사, 의사, 기사, 조종사로 구성되었다.

101) **change A into B** **A를 B로 변화시키다**
The fairy changed a pumpkin into a coach.
요정은 호박을 마차로 변하게 했다.

102) **fall in love with** **~와 사랑에 빠지다**
Simba fell in love with his childhood friend, Nala.
심바는 그의 어린시절 친구인 나라와 사랑에 빠졌다.

103) **make up** **~을 보상하다; ~을 구성하다**
I ran at a rapid pace, as if to make up for lost time.
나는 마치 허비한 시간을 만회라도 하려는 듯 빨리 달렸다.

104) **turn off** **(불 물 가스) 끄다**
Be sure to turn the water off tightly.
물을 꽉 잠궜는지 확인해라.
Did you turn off the gas valve? 가스 밸브는 차단했니?

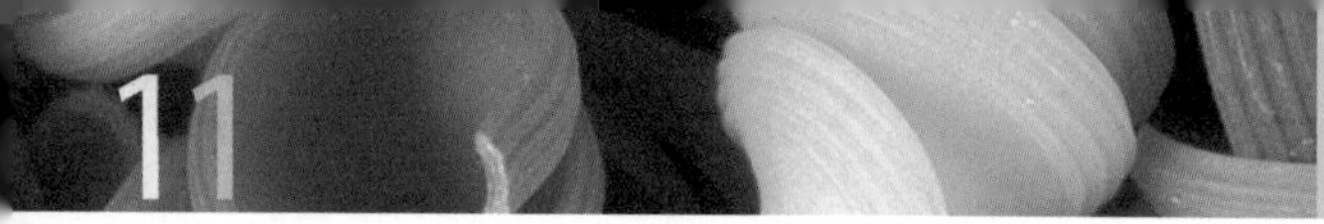

alligator [ǽligèitər] 명 악어

bull [bul] 명 황소

difference* [dífərəns] 명 다름

pardon* [páːrdn] 명 용서

pumpkin [pʌ́mpkin] 명 호박

scoop* [skuːp] 명 국자

turtle [tə́ːrtl] 명 바다거북

similar* [símələːr] 형 유사한

still* [stil] 부 여전히

coin [kɔin] 명 동전; 경화

candle* [kǽndl] 명 양초

eve [iːv] 명 이브(여자 이름)

picture* [píktʃər] 명 그림; 사진

shape [ʃeip] 명 모양, 형상

tortoise [tɔ́ːrtəs] 명 거북

sick* [sik] 형 아픈, 병에 걸린

above* [əbʌ́v] 부 위쪽에

carefully* [kέərfəli] 부 주의 깊게

festival of lights 빛의 축제

have no idea* 생각이 없다

laugh hard 크게 웃다

Big Dipper 북두칠성

North Star 북극성

the Winged Horse 페가수스자리

many kinds of~ 많은 종류의~

make a lot of money 많은 돈을 벌다

tell the difference* 차이점을 말하다

drive away bad luck 불행을 몰아내다

less and less* 점점 더 적은

long time ago* 오래전에

look similar* 비슷해 보이다

Little Dipper 소 북두칠성

guiding star 길잡이별

Orion 오리온자리

thousand [θáuzənd] 1,000의

Communication Function

This computer is too slow. I want to buy a new one.
이 컴퓨터는 너무 느리다. 새 것을 사고 싶다.

Two girls were fighting. One of them was taller than the other.
두 명의 소녀가 싸우고 있었다. 그들 중 한 명은 다른 한 명보다 키가 컸다.

1) one: **앞에 나온 명사와 같은 종류의 불특정한 것을 가리킨다. 복수형일 때는** ones**를 사용한다.**

2) one~, the other: **둘 중 하나를 가리킬 때는** one, **나머지 하나를 가리킬 때는** the other**를 쓴다. 셋일 때는** another**를 사용한다.**
One is a circle, another is a star, and the other is a square.
하나는 원, 다른 하나는 별, 또 다른 하나는 네모이다.

Try It Again 쪽지 시험

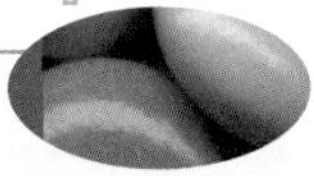

A 다음 주어진 단어의 뜻을 쓰시오.

envelope ________ handle ________ land ________
prepare ________ upside ________ climb ________

B 우리말을 주어진 철자로 시작는 단어를 쓰시오.

열대우림 - r________ 경축하다 - c________

11 Slow and steady wins the race.
느려도 꾸준한 자가 승리한다.

1. 다음 중 비슷한 말끼리 연결된 것은?

① late-early ② easy-difficult
③ tough-soft ④ same-different
⑤ kin-relative

2. 다음 중 비교급의 형태가 잘못된 것은?

① high-higher ② bad-worse
③ happy-happier ④ famous-famouser
⑤ interesting-more interesting

3. 다음 중 우리말과 영어가 같은 뜻으로 연결되지 않은 것은?

① handle-손잡이 ② favor-열, 발열
③ strike-치다 ④ prepare-준비하다
⑤ envelope-봉투

4. 다음 빈칸에 들어갈 알맞은 것을 고르시오.

An ecosystem, such as a tropical ________, does not suddenly appear overnight.

① celebration ② desert ③ pollution
④ disappear ⑤ rain forest

[5-6] 다음 우리말과 일치하도록 빈 칸에 알맞은 말을 쓰시오.

5. 집에 가서 눕는 게 좋겠다.
You'd better go home and ____________.

6. 소녀는 남동생을 돌봐야 하기 때문에 도서관에 갈 수 없다.
The girl can't go to the library because she has to ______________ her brother.

7. 다음 설명에 해당하는 단어는?

to cook using dry heat in an oven

① climb ② celebrate ③ bake
④ turn off ⑤ make up

8. 밑줄 친 it이 가리키는 것은?

Once there was a tree in a large field. A bird lived in the tree. All day long they talked to each other. At night they talked to a star in the sky. One night it said. "There are many stars and tall trees on the other side of the river. Do you want to go there?" The bird said, "Yes, I do. I'm going to fly there. I'm going to bring back many friends."

① star ② tree ③ sky
④ bird ⑤ friend

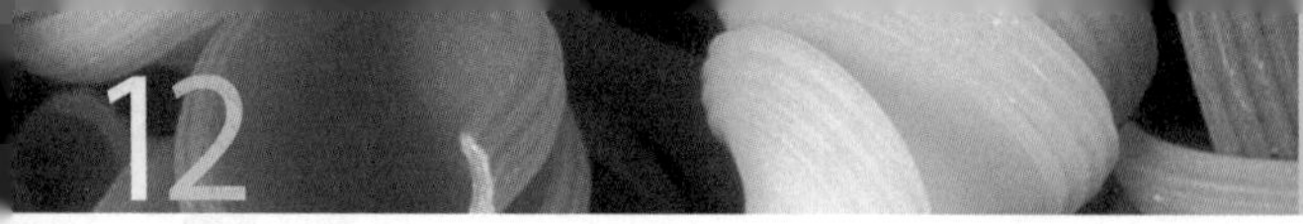

105) **bin*** [bin] ⓜ **통**
I need to put the cans into the recycling bin, Open the bin for me, will you?
캔들을 재활용품 통에 넣어야 하거든. 그 통 좀 열어 줄래?

106) **cloth** [klɔθ] ⓜ **천, 헝겊**
A quilter chooses a pattern and cuts out pieces of cloth.
퀼트 만드는 사람은 견본을 선택하고 천을 조각으로 잘라낸다.

107) **earth** [əːrθ] ⓜ **지구**
For convenience, we divide the Earth into twenty-four time zones. 편의상, 우리는 지구를 24개의 시간대로 나눈다.

108) **electricity*** [ilèktrísəti] ⓜ **전기; 전기학; 전류**
Don't use electricity if you don't keep your TV on if you are not watching it.
꼭 필요하지 않으면 전기를 사용하지 말자. 예를 들어, 보지 않을 때는 TV를 켜놓지 말자.

109) **energy** [énərdʒi] ⓜ **정력, 활기, 원기** ⓢ **power**
The energy from the sun allows plants to grow.
태양 에너지로 인해 식물이 자랄 수 있다.

110) **flood*** [flʌd] ⓜ **홍수; 범람**
The flood destroyed the city.
홍수는 그 도시를 파괴해 놓았다.

111) **garbage*** [gáːrbidʒ] ⓜ **쓰레기** ⓢ **trash, waste**
You're not throwing them in the garbage, are you?
너 그것을 쓰레기통에 버리지 않을 거지, 그렇지?

112) **oxygen*** [áksidʒən] ⓜ **산소**
Animals need the oxygen. 동물들은 산소가 필요하다.

113) **process**★ [prouses] (명) **진행, 경과; 과정**
It is a process of water clarification.
그것은 물을 깨끗하게 하는 과정이다.

114) **resource**★ [ríːsɔːrs] (명) **자원**
Water is mans most important natural resource.
물은 인간에게 가장 소중한 천연자원이다.

115) **scientist** [sáiəntist] (명) **과학자, 과학연구자**
Scientists have sent people out into space and even to the moon.
과학자들은 사람들을 우주와 심지어 달에까지 보냈다.

116) **soil** [sɔil] (명) **흙, 토양, 토질**
Most plants grow best in rich soil.
대부분의 식물들은 비옥한 토양에서 가장 잘 자란다.

117) **soldier** [sóuldʒəːr] (명) **군인, 병사**
My brother hopes to be a soldier.
내 동생은 군인이 되고 싶어한다.

Navigation

Q 현재 완료 계속적 용법에 대해 설명해 주세요.

A 현재 완료 계속적 용법은 'for~, since~, lately' 등과 같이 기간을 나타내는 말과 함께 쓰여 과거 어느 시점에서부터 현재까지 계속되고 있는 동작이나 상태를 나타냅니다.

He has been away from home for one year.
그는 일년 동안 집을 떠나 있었다.

I have known him for a long time.
오랫동안 그를 알고 지내고 있다.

118) **trash** [træʃ] ⓜ **쓰레기, 폐물**
The children are picking up the trash.
아이들이 쓰레기를 줍고 있다.

119) **tunnel** [tʌ́nl] ⓜ **터널, 굴**
The railroad passed through a long tunnel.
철로가 긴 터널을 통과하고 있다.

120) **victory** [víktəri] ⓜ **승리, 전승; 극복**
The V sign shows a desire for victory.
V 사인은 승리에 대한 열망을 나타낸다.

121) **wonder** [wʌ́ndəːr] ⓜ **놀라움, 경탄** ⓢ **~인지 궁금하다**
I wonder who will receive the highest honor.
나는 누가 최고 우등생으로 수상할지 궁금하다.

122) **worm** [wəːrm] ⓜ **벌레**
The early bird catches the worm.
일찍 일어나는 새가 벌레를 잡는다.

123) **regular** [régjələːr] ⓗ **규칙적인, 정연한** ⓑ **irregular**
His pulse is very regular.
그의 맥박은 매우 규칙적이다.

124) **wooden*** [wúdn] ⓗ **나무로 만든; 생기 없는**
The man is carrying a wooden frame.
남자가 나무틀을 운반하고 있다.

125) **pollute*** [pəlúːt] ⓢ **더럽히다, 오염시키다**
Like other electric cars, these automobiles do not pollute the air.
다른 전기 자동차들처럼, 이 자동차들은 공기를 오염시키지 않는다.

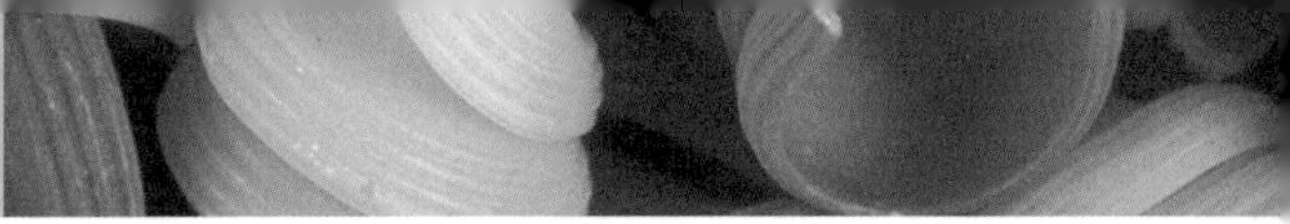

126) **recycle** [riːsáikəl] ⓢ **재활용하다**
Recycle cans and papers.
캔과 종이를 재활용합시다.
How many things do you recycle at your school?
학교에서 너는 몇 가지나 재활용하니?

127) **reduce**★ [ridjúːs] ⓢ **줄이다**
This pill will reduce your pain.
이 알약이 네 고통을 덜어 줄 것이다.
We should reduce dangerous wastes.
위험한 쓰레기들을 줄여야 한다.

128) **reuse**★ [riːjúːz] ⓢ **다시 이용하다, 재생하다**
Daniel was able to reuse a lot of the code.
다니엘이 그 코드의 상당 부분을 다시 사용했대요.

129) **suffer**★ [sʌ́fər] ⓢ **경험하다; 고통받다**
Three out of ten suffer from colds in the winter.
겨울에는 10명 중 3명이 감기로부터 고통을 겪고 있다.

130) **waste** [weist] ⓢ **낭비하다** ⓜ **쓰레기**
Don't waste time in idle talk.
쓸데없는 잡담으로 시간을 낭비하지 말아라.

131) **weigh** [wei] ⓢ **~의 무게를 달다**
He weighed vegetables in a balance.
그는 야채를 저울에 달았다.

132) **through** [θruː] ⓙ **~을 통하여, ~을 꿰뚫어**
I made an appointment with my friend through e-mail.
나는 이 메일을 통해 내 친구와 약속을 했다.

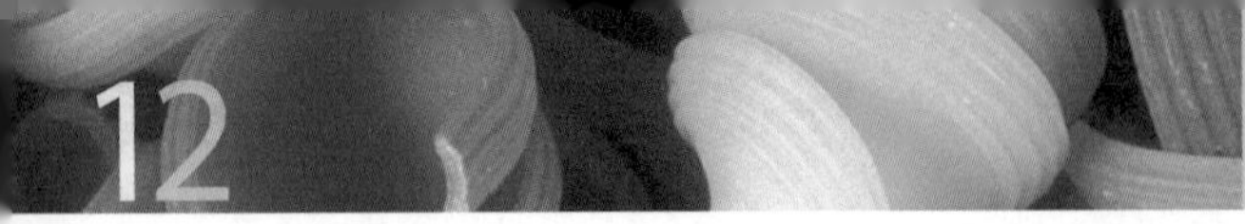

133) **care about** ~에 관심을 가지다

She doesn't care about our opinions.

그녀는 우리 의견에 관심이 없다.

134) **get sick** 아프다, 병이 들다

You don't get sick easily at time of life.

네 나이 때에는 쉽게 아프지 않는다.

135) **get over** ~을 넘다

The animals are trying to get over the fence.

동물들이 울타리를 넘으려고 하고 있다.

136) **keep promise** 약속을 지키다

She always keeps her promise.

그녀는 항상 약속을 잘 지킨다.

I will keep my promise for the blood of me.

반드시 내 약속을 지키겠다.

137) **make fun of** ~을 놀리다

Sometimes they make fun of me.

때때로 그 애들은 저를 놀리기도 해요.

Sometimes the other girls made fun of me because my skills weren't like theirs.

때때로 다른 소녀들은 나의 실력이 자기들만 못하다고 놀려대었다.

138) **throw away** 버리다

Who would throw away such a cute little doodad?

누가 이렇게 작고 귀여운 것을 버렸을까?

139) **turn down** 소리를 줄이다

Would you please turn down the music?

음악 좀 줄여 줄래요?

Communication Function

Do you want to be the best dancer?
최고로 춤을 잘 추고 싶으세요?

The biggest Pyramid is called the Great Pyramid.
가장 큰 피라미드는 대 피라미드라고 불린다.

1) 셋 이상을 비교하여 '가장 ~한'이라고 할 때는 'the + 최상급'을 쓴다.
The biggest bee is the queen. 가장 큰 벌은 여왕벌이다.

2) old - oldest, big - biggest, easy - easiest, expensive - most expensive, useful - most useful
*불규칙 good/well - best, bad/ill - worst, many/must - most
Prepare for the worst and hope for the best.
최악의 경우에 대비하고 최상의 경우를 희망하라.

Try It Again 쪽지 시험

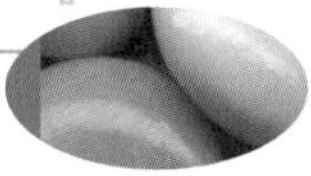

A 다음 주어진 단어의 뜻을 쓰시오.

process ________ reduce ________ trash ________
recycle ________ suffer ________ flood ________

B 우리말을 주어진 철자로 시작는 단어를 쓰시오.

자원 - r________ 오염시키다 - p________

1. 다음 중 비슷한 말끼리 연결된 것은?

① regular-irregular ② reduce-increase
③ garbage-trash ④ gather-scatter
⑤ failure-success

2. 다음 중 최상급의 형태가 잘못된 것은?

① high-highest ② bad-best
③ happy-happiest ④ famous-most famous
⑤ interesting-most interesting

3. 다음 중 우리말과 영어가 같은 뜻으로 연결되지 않은 것은?

① process-진행
② flood-홍수
③ worm-따뜻한
④ recycle-재활용하다
⑤ pollute-오염시키다

4. 다음 빈칸에 들어갈 알맞은 것을 고르시오.

Companies are now trying to ________ their waste.

① useful ② resource ③ weigh
④ recycle ⑤ increase

[5-6] 다음 우리말과 일치하도록 빈 칸에 알맞은 말을 쓰시오.

5. 에어컨 바람 좀 약하게 해도 될까요?
Do you mind if I __________ the air conditioning?

6. 재활용 될 수 없는 컴퓨터는 버려야 한다.
We should __________ the computers that can't be recycled.

7. 다음 설명에 해당하는 단어는?

a group of people living together and united by shared interests

① suffer ② reuse ③ earth
④ community ⑤ company

8. 다음 빈칸에 들어갈 알맞은 것을 고르시오.

Mr. White shouted angrily at the porter, "I gave you my luggage a quarter of an hour ago, but you haven't put it on the train. Why isn't it here, and where have you put it?" The porter looked at Mr. White and said, "I looked for you everywhere, but I couldn't find you. Your luggage isn't as __________ as you.

① big ② stupid ③ small
④ smart ⑤ wooden

Cartoon

만화보고 단어 외우기

"It's not who you know; it's how well you know them."

2학기 부록

2학년 1학기 핵심 단어 숙어 선행학습

accident* [ǽksidənt] 명 사건, 사고, 재해

addition* [ədíʃən] 명 부가, 첨가, 덧셈(반 subtraction)

admiral* [ǽdmərəl] 명 장군, 해군 제독

character [kǽriktər] 명 성격; 특징, 등장인물

control [kəntróul] 명 지배, 관리 동 통제하다

court [kɔːrt] 명 안마당, 안뜰; 법정 동 garden

favor [féivər] 명 호의, 친절, 부탁

fur [fəːr] 명 털, 모피

graduation* [grædʒuéiʃən] 명 졸업

ladder [lǽdəːr] 명 사다리

loop [luːp] 명 고리, 올가미

seed [siːd] 명 씨, 종자, 열매

state [steit] 명 상태, 국가; (미국) 주

anxious* [ǽŋkʃəs] 형 걱정하는 동 afraid

careless* [kέərlis] 형 부주의한

grateful [gréitfəl] 형 감사하는, 고맙게 여기는

poor [puər] ⓗ 가난한, 가엾은, 서투른

scared★ [skɛəːrd] ⓗ 두려워하는, 겁먹은

brighten [bráitn] ⓓ 밝아지다

fix★ [fiks] ⓓ 수리하다, 고치다(fix - fixed - fixed)

mention [ménʃən] ⓓ 말하다, 언급하다

prepare [pripέər] ⓓ 준비하다

survey [səːrvéi] ⓓ 조사하다 ⓜ 조사, 검사

ever [évər] ⓑ 일찍이, 언젠가, 이제까지

The early bird catches the worm.

a few 다소의, 약간의

at the same time 동시에

be good at ~에 능하다

give up 포기하다

on the other hand 반면에

run up and down 이리저리 뛰다

take A out of B B에서 A를 꺼내다

work for ~에서 근무하다

area [ɛ́əriə] 명 면적, 지역, 구역, 지방

beard [biərd] 명 턱수염

election* [ilékʃən] 명 선거

equipment* [ikwípmənt] 명 장비, 설비

law [lɔː] 명 법, 법률, 법칙

lawyer [lɔ́ːjər] 명 변호사, 법률가

material [mətíəriəl] 명 재료, 원료

merchant* [mə́ːrtʃənt] 명 상인

microscope* [máikrəskòup] 명 현미경

nation [néiʃən] 명 국민, 국가(country)

president [prézidənt] 명 대통령

preparation* [prèpəréiʃən] 명 준비, 대비

slave* [sleiv] 명 노예

temperature [témpərətʃuər] 명 기온, 체온

weed [wiːd] 명 잡초

athletic* [æθlétik] 형 운동선수의

curly [kə́ːrli] ⓗ 곱슬곱슬한

friendly [fréndli] ⓗ 친절한

handy★ [hǽndi] ⓗ 유용한, 손쉬운

religious★ [rilídʒəs] ⓗ 종교적인, 독실한

protect [prətékt] ⓓ 보호하다

respect [rispékt] ⓓ 존경하다

unite [juːnáit] ⓓ 결합하다, 합치다

although [ɔːlðóu] ⓙ 비록 ~일지라도

Easier said than done.

---

a pair of 한 켤레의, 한 쌍의

be crazy about ~에 열중하다

come from ~에서 오다

deep into ~안에 깊이

for a long time 오랫동안

look for ~를 찾다

run for ~에 출마하다

take off (옷 등을) 벗다

argue* [άːrgjuː] 명 논의 동 논쟁하다

bacterium [bæktíəriəm] 명 박테리아 (복) bacteria

container [kəntéinər] 명 그릇, 용기, 컨테이너

diameter* [daiǽmitər] 명 지름

galaxy* [gǽləksi] 명 은하계, 성운

length* [leŋkθ] 명 길이 [cf.] breadth

liberty [líbəːrti] 명 자유 동 freedom

ingredient* [ingríːdiənt] 명 원료, 재료

millimeter [míləmìːtər] 명 밀리미터

minus [máinəs] 명 음수; 부족

opinion [əpínjən] 명 의견, 견해 (view)

portrait* [pɔ́ːrtrit] 명 초상화, 얼굴 그림

prison [prízn] 명 교도소, 감옥

recipe* [résəpìː] 명 조리법, 요리법

slice [slais] 명 얇은 조각

storage* [stɔ́ːridʒ] 명 저장, 보관

cellular★ [séljələr] 형 세포의, 구획적인

correct★ [kərékt] 형 옳은, 올바른, 정확한

empty [émpti] 형 빈 동 비우다 동 vacant

boil [bɔil] 동 끓이다

die [dai] 동 죽다, 사망하다 (die - died - died; dying)

divide [diváid] 동 나누다 동 seperate

drain [drein] 동 배수하다

twist [twist] 동 꼬다, 꼬아서 만들다

After the storm comes the calm.

be famous for ~로 유명하다

be used as ~로 사용되다

divide A into B A를 B로 나누다

get it 이해하다

get rid of ~을 제거하다

make a noise 떠들다, 소란스럽게 하다

make up ~을 구성하다

out of order 고장이 난

community* [kəmjúnəti] 몡 지역 사회

company* [kʌ́mpəni] 몡 회사, 친구, 동행

development [divéləpmənt] 몡 발달

experience [ikspíəriəns] 몡 경험 통 경험하다

experiment* [ikspérəmənt] 몡 실험

expression [ikspréʃən] 몡 표현, 표정, 어구, 말

ocean [óuʃən] 몡 대양, 큰 바다

operation* [ɑ̀pəréiʃən] 몡 작용, 수술

response* [rispáns] 몡 반응, 대답

root [rut] 몡 뿌리

shelter* [ʃéltər] 몡 주거지, 피난소

symbol* [símbəl] 몡 상징, 표상, 기호

alike* [əláik] 혱 서로 같은 閈 똑같이

convenient* [kənvínjənt] 혱 편리한

general* [ʤénərəl] 혱 일반적인 맨 special

marine [mərín] 혱 해양의

226 쥐에게 주고 싶은

complete* [kəmplít] ㉯ 완성하다

continue [kəntínjuː] ㉯ 계속하다, 계속되다

gain [gein] ㉯ 얻다 ㉮ 이익, 이득, 취득

include [inklúd] ㉯ 포함하다 ㉰ contain

produce [prədjús] ㉯ 만들다, 생산하다

provide* [prəváid] ㉯ 제공하다, 공급하다(supply)

ruin* [rúːin] ㉯ 망치다

summarize* [sʌ́mərài z] ㉯ 요약하다

The first step is always the hardest.

---

exactly* [igzǽktli] ㉱ 정확하게, 꼭 맞게

lately [léitli] ㉱ 최근, 요즘

nearby [níərbái] ㉱ 가까이에, 근처에

except* [iksépt] ㉲ ~을 제외하고

cut in 끼어들다, 새치기하다

depend on 의지하다, 기대다

in a row 한 줄로

in order to ~하기 위해서

Cartoon

만화보고 단어 외우기

"The room with a view is very nice, but
I would prefer one with a bed."

view [vjuː] 전망, 조망
prefer [prifə́ːr] (오히려) ~을 좋아하다

중1에게 주고 싶은
네비게이션
영단어
바른 정답과 알찬풀이 !!

Try It Again

1. is often 2. usually go 3. could never say
4. sometimes comes 5. is always

Try It Again 쪽지시험

A different: 다른 invite: 초대하다 culture: 문화
favorite: 좋아하는 visit: 방문하다 pet: 애완동물

B 언어, 말 - language 어버이 - parent

1. ⑤ 2. ② 3. ② 4. ④ 5. different from
6. in front of 7. ③ 8. ④

1. frequently = often 종종, 때때로

4. 어른들은 밥을 즐겨 먹는다. adult [ədʌ́lt] 성인 많은

5. totally [tóutəli] 완전히 opinion [əpínjən] 의견, 견해

6. prevent [privént] 막다; 예방하다

8. 나르시스는 잘생긴 그리스 청년이었습니다. 에코는 그를 사랑하는 요정이었지요. 그러나 나르시스는 그녀에게 매우 불친절했고, 떠나 버리라고 말했습니다. 한 여신이 이를 보고, 나르시스를 벌주기로 마음먹었습니다. 그 여신은 나르시스가 물웅덩이에 비친 자기 모습을 사랑하도록 했습니다.

nymph [nimf] 님프, 요정 unkind [ʌnkáind] 불친절한
go away 떠나다 goddess [gádis] 여신
reflection [riflékʃən] 반사 punish [pʌ́niʃ] 벌하다

Try It Again

1. have to　　2. must not　　3. must
4. have to　　5. must not

Try It Again 쪽지시험

A activity: 활동　natural: 자연의　lazy: 게으른
litter: 쓰레기　noodle: 국수　relax: 긴장을 풀다

B 유명한 - famous　연습하다 - practice

1. ⑤　2. ③　3. ④　4. ③　5. instead
6. pick up　7. ③　8. ④

2. take-took; tall-told

3. litter-쓰레기 little-작은

4. 1학기는 보통 3월에 시작한다.

8. 한 농부와 그의 아들이 산을 넘어 긴 여행을 하고 있었어요. 그들은 말 한 마리를 데리고 있었어요. 그들이 걷고 있을 때, 한 남자를 만났어요. "당신들은 정말 어리석군요!"라고 그 남자가 말했어요. "말을 타고 가는 게 어떻습니까?" "좋은 생각이군요!"라고 농부가 말하고는 아들을 말에 태웠어요.
journey [dʒə́ːrni] 여행　foolish [fúːliʃ] 미련한, 어리석은
through [θruː] ~을 통하여

Try It Again

1.I am going to play volleyball with my classmates.
2.What are you going to do this weekend?

Try It Again 쪽지시험

A horror: 공포 period: 기간; 시대 pleasure: 기쁨, 즐거움 bored: 지루한 useful: 쓸모 있는 throw: 던지다

B 축제, 잔치 - festival 준비하다 - prepare

1. ④ 2. ④ 3. ② 4. ③ 5. look for
6. arrive at 7. ② 8. ③

2. mud: 진흙 mad: 미친

3. warm: 따뜻한 worm: 벌레

4. 나는 그녀가 이 선물을 받고 기뻐할 것이라고 확신한다.

8. 1902년에, 시어도어 루즈벨트 대통령이 친구들과 함께 사냥을 하러 갔다. 그러나 그는 어떤 동물도 발견할 수 없었다. 그 때 그의 친구들이 곰 한 마리를 발견했다 그들은 그 곰이 다치고 움직이지 못할 정도로 피곤해질 때까지 세 시간 동안 그것을 쫓았다. 그런 다음 그들은 그 곰을 나무에 묶어 놓고 말했다. "대통령 각하, 곰을 쏘십시오." 대통령은 그 가엾은 곰을 바라보았다.
president [prézidənt] 대통령 hunting [hʌ́ntiŋ] 사냥
chase [tʃeis] 쫓다, 추적하다 tired [taiəːrd] 피로한, 지친
shoot [ʃuːt] (총 · 화살을) 쏘다

Try It Again

②, ④

Try It Again 쪽지시험

A charity 자선 delicious 맛있는 serve 섬기다
sense 감각; 느낌 degree 도; 정도; 학위 invent 발명하다

B 집 없는 - homeless 웃다 - laugh

1. ⑤ 2. ④ 3. ④ 4. ④ 5. take a trip
6. touch with 7. ③ 8. ②

3. present-출석한 absent-결석한

4. 그 할머니는 버스 손잡이를 꼭 붙잡았다.
handhold [hændhould]손잡이, 손잡을 곳

8. 옛날에 한 농부가 살았다. 그는 아들이 셋 있었다. 그는 죽을 때가 되자 아들들을 불러서 말했다. "얘들아, 난 이제 이 세상을 떠나려고 한다. 너희들은 포도밭을 파야 한다. 내가 거기에다가 뭔 가 귀중한 것을 숨겨놓았거든. 그것이 내가 가진 전부다." 그가 죽고 나자 아들들은 포도밭의 모든 땅을 팠다. 그들은 거기에 분명히 보물이 있을 거라고 생각했다.
dig [dig] 파다, 파헤치다 vineyard [vínjərd] 포도밭
precious [préʃəs] 비싼, 귀중한

Try It Again

1. are you　2. isn't it　3. is there
4. aren't you　5. can you

Try It Again 쪽지시험

A astronaut 우주 비행사　content 만족　pollution 오염
boring 지루한　curious 호기심 많은　decide 결정하다

B 쓰레기 - garbage　약 - medicine

1. ②　2. ②　3. ②　4. ③　5. at least
6. come true　7. ④　8. ③

2. chief-chiefs (불규칙)

3. fry-튀기다; fly-날다

4. 하루에 15분이면 이 세상을 더 좋은 곳으로 만들기에 충분하다.

8. 옛날에 아주 빼빼마른 돼지가 살고 있었습니다. 헛간의 다른 동물들은 빼빼마른 돼지를 보면 말랐다고 놀려대었지요. "넌 돼지같지가 않아. 넌 너무 말라서 바람불면 날라갈 것 같다." 빼빼마른 돼지는 슬프고 외로웠습니다. 다른 돼지들과 다르게 생겼다며 아무도 그와 놀아주지 않았거든요.
skinny [skíni] 빼빼한; 바싹 여윈　barn[baːrn] 헛간
make fun of 놀리다

Try It Again

1. more, than 2. more than 3. longer
4. important 5. bigger

Try It Again 쪽지시험

A eyesight 시력 exhibit 출품하다 pill 알약
mistake 잘못, 틀림 statue 동상 seed 씨, 종자

B 위험한 - dangerous 환자 - patient

1. ② 2. ③ 3. ③ 4. ④ 5. forget
6. return 7. ⑤ 8. ②

2. famous-more famous:-ous로 끝나는 낱말은 more를 붙인다.
3. share-공유하다, 나누다; shore-바닷가, 해변
4. 불붙은 돌이 폼페이 시로 떨어졌고, 엄청난 산 가스와 재 구름이 그 도시를 뒤덮었다.
   volcanic [valkǽnik] 화산의; 화산성의 ash[æʃ] 재, 화산재
8. 어느 날 밤, 빼빼마른 돼지는 닭장의 지붕에서 연기가 나오는 것을 보았습니다. 그는 암탉들이 외치는 소리를 들었지요. "살려주세요. 불이 났어요!" 다른 동물들은 다들 모두 뚱뚱해서 닭장 속으로 들어 갈 수가 없었답니다. 빼빼마른 돼지는 암탉들을 도와주려고 결심을 했습니다. 그는 재빨리 안으로 들어가 닭들을 모두 구출해 주었습니다. 그 날부터 영웅이 된 빼빼마른 돼지는 다른 동물들과 좋은 친구가 되었답니다.
   rush [rʌʃ] 돌진하다; 달려들다 fat [fæt] 살찐, 뚱뚱한, 비대한

Try It Again

1. for 2. to 3. for

Try It Again 쪽지시험

A custom 관습 wide 넓은 connect 연결하다
vehicle 운송수단 main 주요한 lonely 고독한

B 다름, 차 - difference 불가능한 - impossible

1. ③ 2. ② 3. ② 4. ③ 5. burn
6. drop in 7. ③ 8. ⑤

3. sore-아픈 sour-시큼한, 신

4. 모든 것이 좋거나 나쁘고, 긍정적이거나 부정적이다.
negative [négətiv] 부정의

6. temperature [témpərətʃuər] 온도; 기온
harmful [há:rmfəl] 해로운, 해가 되는
cereal [síəriəl] 곡물

8. 옛날에 아주 많은 양떼를 돌보는 양치가 있었다. 어느 날 그들은 깊은 물가에 왔는데 다행히도 다리가 있었습니다. 그러나 그 다리는 아주 작고 좁아서 한 번에 한 마리 양만 건널 수가 있었습니다.
shepherd [ʃépə:rd] 양치는 사람
fortunately [fɔ́:rtʃənətli] 운 좋게
narrow [nǽrou] 폭이 좁은

Try It Again

1. so 2. but 3.or 4. and

Try It Again 쪽지시험

A freedom 자유 danger 위험 event 사건; 행사
shadow 그림자 noise 소음 solve 풀다, 해답하다

B 비슷한 - similar 전통의 - traditional

ANSWER

1. ④ 2. ⑤ 3. ③ 4. ④ 5. traditional
6. instead of 7. ⑤ 8. ⑤

2. become-become: became(과거)

3. even-조차, 심지어 ever-지금까지

4. 그건 정말 중요한 역사적 사건이었다.
historic [histɔ́rik] 역사적인(historical)

6. arbitrary [ɑ́rbitrèri] 임의의, 멋대로의; 방자한

8. 나는 시골보다 도시를 더 좋아한다. 왜냐하면 도시에는 큰 도서관, 극장, 백점이 있기 때문이다. 부모님께서는 내가 밖에 나가서 친구들과 노는 것을 더 좋아하셨고, 그래서 나는 TV를 보는 것보다 밖에서 많이 놀았다.
prefer [prifə́ːr] (오히려) ~을 좋아하다

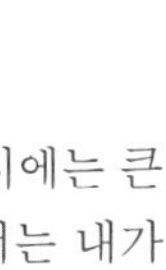

Try It Again

1. when 2. before 3. after
4. while 5.when

Try It Again 쪽지시험

A avenue 가로수길 metal 금속 loud 시끄러운
harvest 수확, 추수 reason 이유 sour 시큼한, 신

B 행동 - behavior 창의적인 - creative

1. ⑤ 2. ⑤ 3. ③ 4. ① 5. treat
6. get together 7. ② 8. ④

2. mention 말하다

4. 영수증 없이는 환불은 할 수 없습니다.
refund [ríːfʌnd] 반환, 환불 receipt [risíːt] 인수증, 영수증

6. relative [rélətiv] 친척, 친족, 인척 [cf.] kinsman

8. 색깔은 감성에 영향을 끼친다.
네 결정에 내가 영향을 미치지 않도록 해라.
달빛은 곤충의 야간 활동에 지대한 영향을 끼친다.
emotion [imóuʃən] 감정; 감동
decision [disíʒən] 결심, 결정
considerable [kənsídərəbəl] 중요한, 유력한

Try It Again

1. If you wear a coat 2. If you don't work hard
3. If you don't go to bed now

Try It Again 쪽지시험

A source 근원; 원천 insect 곤충 unique 독특한
explode 폭발하다 bother ~을 괴롭히다 certain 확실한

B 경험 - experience 사라지다 - disappear

1. ④ 2. ② 3. ④ 4. ① 5. between
6.enough 7. ③ 8. ②

2. lie-lay-lain; lying

3. experiment-실험 experience-경험

4. 당신은 전에 악기를 다룬 경험이 있나요?

6. development [divéləpmənt] 발달, 발전; 발육
transportation [trænspəːrtéiʃən] n. 운송, 수송; 교통[수송]기관

8. "너는 무엇을 하고 있니?" 두루미가 물었다. "화내지 마," 까마귀가 대답했다. "난 단지 너처럼 걷는 것을 배우려고 노력하는 중이야." "어리석은 새야!" 두루미가 말했다. "너는 까마귀야, 까마귀처럼 걸어!" 까마귀는 두루미의 충고를 듣지 않았다.
foolish [fúːliʃ] 미련한, 어리석은
advice [ædváis] 충고, 조언

Try It Again 쪽지시험

A envelope 봉투 handle 손잡이 land 육지
prepare 준비하다 upside 상부 climb 오르다, 등반하다

B 열대우림 - rain forest 경축하다 - celebrate

1. ⑤ 2. ④ 3. ② 4. ⑤ 5. stay in bed
6. take care of 7. ③ 8. ①

2. famous- more famous

3. favor-호의, 친절; fever-열, 발열

4. 열대 우림과 같은 생태계는 하룻밤 사이에 생기는 것이 아니다.
ecosystem [íːkousìstəm] 생태계
tropical [trάpikəl] 열대의, 열대산의
appear [əpíər] 나타나다
overnight [óuvərnáit] 하룻밤 사이에

8. 옛날에 넓은 들판에 나무가 한 그루 있었다. 새 한 마리가 그 나무에 살았다. 하루 종일 그들은 서로 이야기를 했다. 밤에 그들은 하늘에 있는 별에게 말했다. 어느 날 밤 그 별은 "강의 다른 편에는 많은 별들과 큰 나무들이 있다. 너는 그곳에 가고 싶니?"라고 말했다. 그 새는 "그래, 나는 그곳으로 날아갈 거야. 많은 친구들을 데리고 올 거야."라고 말했다.

Try It Again 쪽지시험

A process 진행, 경과　reduce 줄이다　trash 쓰레기
recycle 재활용하다　suffer 경험하다　flood 홍수

B 자원 - resource　오염시키다 - pollute

1. ③　2. ②　3. ③　4. ④　5. turn down
6. throw away　7. ④　8. ②

2. bad-worst

3. worm-벌레; warm-따뜻한

4. 회사들은 이제 폐기물을 재활용하느라 애쓰고 있다.

8. 화이트씨는 그 짐꾼에게 화가 나서 소리쳤다. "난 15분 전에 당신에게 짐을 맡겼소. 하지만 당신은 기차에다 짐을 실어놓지 않았소. 왜 짐이 여기 없는거죠? 그 짐을 도대체 어디에 놓았소?" 그 짐꾼은 화이트씨를 쳐다보며 말했다. "여기저기 당신을 찾아다녔어요. 하지만 당신을 찾을 수가 없었죠. 당신의 짐은 당신만큼 멍청하지 않아요.
angrily [ǽŋgrəli] 성나서, 화내어
luggage [lʌ́gidʒ] 소형 여행가방, 수화물
a quarter of an hour ago 15분 전에

WORDS LIST 어휘 목록

C

D

E

F

G

H

I

J

N

O

V

W

Y

Z